浙江省社科联社科普及课题成果(课题编号:12ND27)

创意漫谈

方雄伟 编著

图书在版编目(CIP)数据

创意漫谈 / 方雄伟编著. —杭州：浙江工商大学出版社，2015.9

ISBN 978-7-5178-1145-9

Ⅰ. ①创… Ⅱ. ①方… Ⅲ. ①文化产业—研究—世界 Ⅳ. ①G114

中国版本图书馆 CIP 数据核字(2015)第 134059 号

创 意 漫 谈

方雄伟 编著

责任编辑 蒋红群
责任校对 穆静雯
封面设计 王妤驰
责任印制 包建辉
出版发行 浙江工商大学出版社
(杭州市教工路 198 号 邮政编码 310012)
(E-mail:zjgsupress@163.com)
(网址:http://www.zjgsupress.com)
电话:0571-88904980,88831806(传真)
排　　版 杭州朝曦图文设计有限公司
印　　刷 杭州五象印务有限公司
开　　本 710mm×1000mm 1/16
印　　张 12.25
字　　数 200 千
版 印 次 2015 年 9 月第 1 版 2015 年 9 月第 1 次印刷
书　　号 ISBN 978-7-5178-1145-9
定　　价 34.00 元

前　言

微软总裁比尔·盖茨说过："创意具有裂变效应，一盎司创意能够带来无以计数的商业利益、商业奇迹。"曾因成功拯救克莱斯勒汽车公司而享誉全球的著名企业家亚柯卡，提出了"无创意，毋宁死"的警句。

"资本和技术主宰一切的时代已经过去，创意的时代已经来临。"这是今天美国从硅谷到华尔街的流行语。"独创力关系到国家兴亡。"这是日本人喊出的口号。"资源有限，创意无限。"这是韩国人打出的标语。进入21世纪后，新加坡以及中国台湾、中国香港，均把创意产业的发展作为"下一个繁荣"的寄托，争夺亚洲华语世界"创意之都"的席位。

以上这些迹象表明，我们已然进入创意时代。创意，已经成为推进新时代经济发展的巨大引擎。创意人才、创意产业、创意经济已经成为全球竞争力的核心与本质。无论国家、企业，还是个人，都必须清醒地认识到社会经济形势的快速发展与深刻变革。我们只有准确、深入地把握创意时代的基本特征，才能顺应潮流，掌控未来。

与此同时，对于广大社会公众而言，创意是来自生活的灵感杰作。生活中的创意是无处不在的，只要你对生活保持无限的激情，就一定会在创意生活中发现无穷的乐趣，为生活增添色彩。

本书是浙江省社科联社科普及课题（课题编号：12ND27）的研究成果。课题组通过文献查阅法，收集创意的理论知识及成功案例；通过访谈及问卷调查，了解公众对创意的认识及存在的误区；通过实地考察，了解国内创意产业的发展及创意园区的运作；通过编写创意读本，普及创意知识，更新公众的创意观念，提升公众的创意能力，推动政府对创意园区的政策扶持，加快对创意人才的培养。希望本书能够对在校学生、文化创意从业者、社会青年及广大公众起到普及创意知识、提升创意能力、激发创新创业激情的作用。“智谋人生”，为事业插上腾飞的翅膀。

科普著作《创意漫谈》的主要内容共六篇，包括创意知识篇、创意思维篇、创意能力篇、创意产业篇、创意与创新篇、创意案例篇。创意知识篇主要阐述创意的内涵、特征及过程；创意思维篇主要阐述创意思维的意义、特征及开发方法；创意能力篇主要阐述创意能力的意义、特征、开发方法、创意人才的培养；创意产业篇主要阐述创意产业的兴起、特征、类型、国外创意产业的发展轨迹、我国创意产业的崛起之路；创意与创新篇主要阐述创意与创新的关联度分析、经济危机与创意创新、知识经济就是创新经济、创意推动经济创新与增长；创意案例篇主要分析了品牌广告创意案例、文化旅游创意案例、电影及动漫创意案例、创意经济成功案例、创意产业园区运作案例。

本书在编写过程中，参阅引用了有关论著，得到了浙江省社科基金及义乌工商职业技术学院专著教材出版资金的资助。在此，谨向所有给予支持和帮助的领导及参考文献的作者表示诚挚的谢意。

目前，我国学术界对创意理论的研究正开展得如火如荼，本书力所能及地做了一些积极有益的探索。由于研究能力所限，书中的研究成果尚有诸多不完善之处，欢迎广大专家学者及读者多提宝贵意见，与我们共同探讨，加强交流，为推进我国创意产业的发展，贡献我们的智慧和力量。

目　　录

第一章　创意知识篇

当今时代是知识经济的时代，更是创意经济的时代。创意可以激发人们革新生产方式和经济理念，甚至革新人类的生存方式和发展理念，促进经济转型升级和社会发展，从而使经济与文化、人与社会能全面协调发展。从创意产业的蓬勃发展到创意经济的乘势崛起，再到创意社会的应运而生，充分证明了创意对于人类社会进步的重要意义。

美国广告大师李奥·贝纳指出，创意的核心是运用有关的、可信的、品味高的方式，在无关的事物之间建立一种新的有意义的关系。比如，成都有五个著名的“创意农家乐”村庄，被誉为“五朵金花”。过去，这五个村庄土质不佳，不宜种粮食，只能以养花、种菜为生；如今，在当地政府的引导下，它们有的植梅树，有的栽菊花，有的种蔬菜，还有的建荷塘，等等，而且各自起了一个充满诗意的名字，分别为“幸福梅林”“东篱菊园”“江家菜地”“荷塘月色”“花乡农居”。鲜明的特色、休闲的氛围，使这里不仅成为成都人体验“农家乐”的最佳去处，同时也吸引了很多外地游客慕名前来。近年来，“五朵金花”又先后进行了新的创意和提升：“荷塘月色”成为画意村；“东篱菊园”成为摄影艺术村；“花乡农居”引入设计师、创意师，成为创意村；“幸福梅林”成为传统文化民俗艺术村；“江家菜地”成为雕塑艺术村。这是运用新、奇、特的文化创意，变传统农业为创意农业、观光农业、休闲农业的成功范例。

无独有偶，2008 年 4 月，《四川日报》报道了成都市双流县兴隆镇利用坡地，改变了原先农民分散种植玫瑰出售的情况，带领农民有规划地布局玫瑰花苗，使错落有致盛开的鲜花展现出“川剧脸谱”“国宝熊猫”等图案，形成“四季花海、彩田艺术”的“玫瑰天堂”。这种创意，吸引了大量游客，增加了旅游收益，使每亩土地的年收入从 2000 元提升到了上万元。

“创意”提升了当地农业的附加值。

无疑，创意使人们学会了一种崭新的思维方式和竞争策略，也使人们赢得了成功的机会，创意使创意经济的威力凸显出来。

第一节　创意概述

一、什么是创意

创意是一种能够从各种不同的角度解读人生和世界的智慧。当我们心中有了“这样是不是会更好”的念头时，便是创意灵感闪现的时候。创意精灵来到我们的心中，标志着自信、勇气、耐心和智慧之神来到了我们的心中，我们的生命因此焕发出灿烂的光芒。因此可以说，创意是一种生活态度，是乐观向上、不畏艰难、面向未来、充满自信、勇于创造的人生观。

专家们认为，创意是延续人类文明的火花，它让人类把不可能变成可能，把不相关的诸多因素联系在一起，激发出新的更有生命力的文明火花。创意不是艺术家的专利，创意存在于每个人的心中。创意让我们重新找回了工作和生活的乐趣，让我们的生存不再那么单调，让我们的奔波不再那么毫无意义，并且让我们的生活充满了诗情画意。

创意是对传统的叛逆，是打破常规的哲学；是大智大勇的同义词；是引导、递进、升华的圣圈；是一种智能拓展，是一种文化底蕴，是一种闪光的震撼；是破旧立新的创造，是点题造势的把握；是跳出“庐山之外”的思路，是超越自我、超越常规的导引；是能够与文化神奇组合的经济魔方，是思想库、智囊团的能量释放；是深度情感和理性的思考与实践；是思维的碰撞、智慧的对接；是创造性的奇思妙想，是投资未来、创造未来的过程。

“创意”既是一个名词，又是一个动词。作为名词的“创意”是指创造性的意念、新巧的构思；而作为动词的“创意”则是指创意思维的过程，是经过冥思苦想，从无到有的过程。据了解，到目前为止，人们对“创意”一词的解读还未完全统一，人们在不同场合使用该词时，其含义可能有所差别。在英文里以下这几个词常被翻译成“创意”。

Idea，英文原义为“思想、意见、立意、想象、观念”等。目前，我国很多创意方法讨论文章中都直接把这个词翻译成“创意”。

Creative,英文中为形容词,原义是“有创造力的、创造性的、产生的、引起的”等。在我国,该词普遍地被直接翻译成“创意”。

Creativity,即“创造力”,有时也翻译成“创意”。

在汉语中,“创意”有如下几种解释:有创造性的主意和意见,有新意的念头、打算和想法,过去从未有过的计划,创新性的意念,有想象力的、不十分确切有效的想法。因此可以说,“创意”这一概念有多层含义,它最基本的含义,一是有创造性,包含新颖性、超前性和奇异性;二是头脑中的主意、念头、想法。

创意并不是虚无缥缈的,而是有一定规律可循的,有其理论原理,并且有许许多多的方法。而这些方法并不神秘,它们是人类智慧的结晶,其精巧、奇妙令人感叹。作为创意人,创意方法既需要从书本上学习,更需要从实践中积累和领悟。

二、理解“创意”含义应避免的几个误区

在《辞海》中,“创”字的解释是:“第一次做到;前所未有的;通过经营等活动而获取。”这定义涉及所有的创新、创造和创意,它们无一不是对旧的、经验的、已知的、传统的、习惯和固有的东西进行突破之后而建立起来的新价值系统。“意”即新的主意,包括点子、建议、构想、意义、意境、意思等。创意行为的核心即原创、首创和独创。

要正确理解“创意”的含义,首先要走出认知的误区。人们往往对“创意”产生一些误解。

一是认为“创意就是策划”。实质上创意不等于策划。创意是策划的关键和灵魂,即必须先有好的创意才能进行策划,否则就会无的放矢。而从实践角度看,策划执行过程就是创意落实的过程。

二是认为“创意就是点子”。实质上点子是针对某一件事而言的计谋与对策,而创意尽管也可能是办事所需的对策与计谋,但它应该是完整和系统的。点子可能是个闪光点、关节点,而创意不但是一个点,而且可以是一条线、一个面。

三是认为“创意就是谋略、计谋”。实质上创意不完全等同于谋略、

计谋。计谋主要是为有效地打击对手、保护自己而制订的别出心裁的计划方案。

四是认为“创意就是广告”。实质上创意不等同于广告。广告的灵魂是创意,但创意除了是广告的灵魂外,还是服装设计、点子谋略、绘画舞蹈、诗歌小说、影视作品、科学发现、技术发明、营销管理的灵魂。

五是认为“创意就是公关”。实质上公关仅仅是实施创意的一种手段。公关是否成功、高效,在很大程度上取决于创意是否精彩。创意不接受“公关”的领导,相反,“公关”应接受创意的指引。

六是认为“创意就是视觉设计”。创意存在于我们生活的方方面面,而非单纯的视觉设计与发现,而视觉设计是创意最好的表现形式。

综上所述,创意的内涵是十分广泛的。从广义上来讲,它包括产生新思想、新事物的能力(如产生新的设计、新的工艺、新的理论、新的方法、新的发明创造等的能力),创造性解决问题的能力。因而,从一定程度上讲,创意就是创造力。这一点在创意经济中显得尤为重要。

三、新经济的核心就是创意

当今,创意、文化、科技的有机结合已经创造了巨大的财富价值。早在1986年,美国著名经济学家罗默就撰文指出,新创意会衍生出无穷的新产品、新市场和创造财富的新机会,新创意是推动一国经济增长的原动力。如,办公大楼的物业服务公司接到不少客户关于等候电梯时间过长的投诉。怎么解决这一问题呢?工程技术专家会通过增加电梯数量,适当提高电梯运行速度,数台电梯联网、由电脑控制统一调度,高低层分开乘坐等办法,提高电梯运行效率,从而减少人们的等候时间。而创意专家则认为,人们等候的时间不过两分钟左右,之所以抱怨等候时间长,是因人们的主观感受。于是他们另辟蹊径,把液晶电视挂到电梯口,播放节目供等候的人们消遣。这个创意孕育了分众传媒的出现。江南春在电梯间安装电视的创意让广告市场的格局发生了巨大的变化,也让他的公司得到了几十亿的财富。从人们的感受和体验出发考虑问题,通过一个新的创意,为产品和服务注入新的观念、感情和品位等文化要素,为消费者提供新的消费模式和生活体验,从而提高产品与服务的观念价值,使等候电梯的人在有限的时间里获取更精彩的体验——这种分众传媒的出现使商家赚得盆满钵盈。

新经济的核心是创意，它既来自于深厚的文化底蕴和新观念、新思想的引入，来自于想象力的开发和不懈探索的精神，也来自于丰富的实践。1992 年，当微软公司的市值超过通用公司的时候，《纽约时报》评论说："微软的唯一资产是员工创造力。"比尔·盖茨说："创意具有裂变效应，一盎司创意能够带来无以计数的商业利益、商业奇迹。"

英国经济学家、世界"创意产业之父"约翰·霍金斯说："拥有主意的人开始变得比使用机器的人能量更大，在很多情况下，甚至胜于那些拥有机器的人。"

美国经济学家理查德·佛罗里达则断言："哪里有创意，哪里就必定有技术创新与经济增长。创意产业已经成为财富的最重要来源。"

可以说，创意是人类智力活动中最有创新意识、最具创造力的部分，它包括各种点子、谋略、对策、企划，各种新发现、新思想、新设计、新发明、新策划、新设计、新制作、新假设，并且它又是文艺创作，广告制作，宣传、公关营销策划，企业 CIS 等的"核心"，是其中最有创造力的部分。

综上所述，创意是"生机之父"，创意是"历史之母"。人类文明的源泉来自于创意。人类生活的本质是创意，人类的未来属于创意。

四、创意的保护

近年来，创意策划方案被克隆、被盗用的情况不断出现，引起业内人士的广泛关注和担忧。从法律规定而言，我国现行的著作权法只保护作品的表达形式，而不涉及作品的思想本身。因此，创意策划人享有著作权的仅仅是创意策划方案这一文字作品，即使他人使用了策划方案中的组织方法、步骤等，也不构成对该文字作品著作权的侵犯。在这种立法相对滞后的现实状况下，创意研究专家的一些见解值得关注：

一是不要轻易向别人，尤其是竞争对手，透露相关创意策划方案的任何细节或内容。

二是创意策划方案完成后，最好能在国家版权主管部门进行著作权登记，留下证据。虽然我国法律规定著作权自作品创作完成之日起自动产生，无须登记，但在创意策划纠纷案件中，谁对创意策划方案享有著作权往往是争论的焦点，需要证据支持。

三是在创意策划方案推广阶段，要与执行人签署周密、细致的合同，保护自己的创意。实践中，这个推广阶段是最容易埋下纠纷隐患的，有很多纠纷实际上是因为创意策划人没有法律知识和自我保护意识而造成的。

四是如果是受他人委托做出的创意方案，最重要的是要和委托人签好委托合同。这个委托合同条款应完备，其中主要条款应明确创意策划方案著作权的归属，提交创意策划方案的时间、方式、标准，当事人的权利及义务，支付报酬的时间、方式、标准，保密责任，违约责任等内容。

五、有关创意来源的理论

创意是如何产生的？是与生俱来的，还是后天练就的？是无心偶得，还是勤奋所赐？关于创意的产生有许多理论和学术思想，其中影响较大的有以下几种。

(一)迁移理论

这种理论认为，创意是一种迁移。所谓迁移，就是用观察此事物的方法去观察彼事物，就是用不同的眼光去观察同一个现象，就是采取移动视角的办法来分析问题。通过视角的迁移，人们可以创造出众多新鲜的、交叉的、融合的、异化的、裂变的、创新的事物来，这就是创意的成因。

自然科学里的转基因研究，社会科学中的交叉学科和边缘学科的出现，实际上都是学者们迁移观察的结果。科研是如此，产品是如此，策划更是如此。在市场实践中，许许多多杰出的创意策划都源于这类“再认识”。

(二)魔岛理论

魔岛理论起源于古代水手的传说：茫茫大海中波涛汹涌，海中岛礁不可捉摸。当水手们想躲开它时，它偏偏出现了；当水手们想寻找它时，它却迟迟不露面，消失得无影无踪。

创意的产生有时也像“魔岛”一样，在策划师的脑海中悄然浮现，神秘而不可捉摸。魔岛理论认为，创意和“魔岛”一样，要在人类的潜意识中历经无数次的孕育、努力和培养，才能最终获得。魔岛理论还强调“发明”，即创意是生成的、独创的，而不是模仿的。虽然魔岛理论阐明了创意的创造性和发明性，但商务策划中的创意并不仅仅是这些，它常常是“有效的模仿”“改良性的主意”或“拼凑式的创造”。因此，魔岛理论无法说明所有创意产生的原因。魔岛理论强调后天的努力和积累，却否认天生的灵感，所以无法解释下列现象：学识渊博的学者有时却墨守成规、食古不化，毫无创意可言，而一些文化程度不高的人有时却机智灵活、创意多多。

（三）天才理论

与魔岛理论的立意角度正好相反，天才理论推崇天才，强调创意是靠天才而获得的。世界上的确存在着不少天才，如孙武的《孙子兵法》是天才之谋，曹植的《七步诗》是天才之作，达·芬奇的《蒙娜丽莎》是天才之画，凯恩斯的《就业、利息与货币通论》是天才之论，比尔·盖茨的微软视窗是天才的操作系统。还有其他众多的天才之想、天才之举、天才之功、天才之学、天才之用，不胜枚举。因此，天才理论学家认为，创意来自于天才们的灵感。

（四）元素组合理论

在自然界，元素通过组合可以形成各种各样的新物质，策划的创意也可产生于元素组合，即策划人可以通过研究各种元素的组合而获取新的创意，这就是元素组合理论。产业策划人不能墨守成规，必须不断尝试和揣测各种组合的可能，并从中获得具有新价值的创意。元素的组合不是简单的相加，而是一种在原有基础上的创造。能够产生创意的元素包罗万象，可以是实际的，也可以是抽象的；可以是现实存在的，也可以是虚构想象出来的。

（五）变通理论

创意有时候只是“概念的转换”，只要换一种方式去理解，换一个角度去观察，换一个环境去应用，一个新的创意就产生了。这就是创意的变通理论。某种事物的功效作为一种能量，在一定的条件下是可以转换的，如用于战争的兵法，经过变通可用于经济，这是一种观念的嫁接；原本属于动物本能的保护色，经过变通，可用于军队的迷彩服，这是功能的变通；民用产品可以用于军需，军需产品也可以转为民用，这是用途与功效的传递和延伸。显然，上述各种能量的转换、功能的变通，对创意的产生是极有启示的。对策划来说，创意需要这种变通，创意就产生于这种变通中。“改变用途”是创意的重要源泉。策划人应该善于运用这种思路，通过改变策划对象的用途，赋予策划以新奇感和独创性。

第二节 创意的性质、特征及分类

一、创意的性质

（一）创意的感性

在初始阶段，尤其是联系到创意的审美性质时，创意是直觉的，而且这种直觉是意象直觉。这里所说的意象是创意特有的一种存在形式，它与人们认识活动中的感性形象不同，创意意象既具有感性特征，同时又有想象、虚构、幻想或情感等精神过程。正如黑格尔所说：“在艺术里，感性的东西是经过心灵化了的，而心灵的东西也借感性而显现出来了。”与科学活动中的概念不同，创意意象总是不确定的，而概念则是抽象的，或者是确证、明确、清晰的。“在真正的诗歌作品里，思想不是以教条方式表现出来的抽象概念，而是构成充溢在作品里的作品灵魂，像光充溢在水晶体里一般。”意向直觉在成为创意的直接存在形态和方式的同时，就需要进行概念推理。因此，可以说创意的内在动力是意向直觉，而在外部起作用的是概念推理。

（二）创意的理性

从另一个角度讲，创意既是一种意象和直觉的评价（指审美评价，是包含在创意活动中的创意者或受众的主观情感态度），也是一种客观的、理智的认识，是理性的选择结果，具有审美与实践的双重性。在创意过程中，不仅要表达主观情感评价，而且也要表达客观理智认识。所以在创意中，审美评价是直接的，理智认识则是间接的。直接的审美评价是达到间接的理智认识的手段。正是由于自身特有的审美风貌，创意才能体现出认识实践性质。创意越是审美的，就越是认识实践的，反之亦然。

(三)创意的连续性

由于创意的审美、感性与理性的性质特征,在产业化的过程中,创意并非也不可能建立于规划好的线性程序,而是一个由发散性思维引发继而展开的连续过程,即起源于一个模糊的构想,接着发展成一个基本概念,进而成为一个发明,最后具体成形并商业化。

任何组织,如果成员不集中精力努力工作,就希望将构想转化为可行的概念是不可能的。组织的能力必须大于各人员力量的总和,因此需要对人员进行经常的管理和训练。另外,几乎没有任何一种构想,可以只运用单一专业就可以成功转化为概念,而且,一个构想转化为概念并没有明确的公式可循。而一个可行的概念,在形成可行性分析报告以后就会转化为概念的初始阶段。这期间,虽然还有很多当时不能解决的问题或问题的答案不明确,但随着新知识和新信息的获取,不确定性可以消除或逐渐减少;负责形成概念的人必须广泛搜集新信息,而不是坐在书桌前闭门造车。这样才会使概念进入产业化过程。

(四)创意的功利性

作为审美意识形态,创意的目的既是无功利的,又是功利的。创意的无功利性只是集中体现在创意者的创作活动和受众的接受与欣赏过程中。而在这两个过程之外,也就是这个过程继续延伸的话,创意的功利考虑就开始显现了。因为从最终要付诸产业化进入商品领域被受众消费这一点来看,创意是不可能没有强烈的功利性的。所以严格地讲,创意具有功利与非功利的双重性质。

二、创意行为的经济特征

(一)需求的不确定性

在经济学领域或创意学领域,需求的不确定性非常明显,因为没有人能确定消费者如何评价新推出的创意产品。新产品可能会得到消费者的认可,带来比生产成本高得多的巨额财富,也可能会找不到认可它的买家。如果生产创意产品投入(如电影的投入)巨大,艺术创作人员就会在产品投入生产之前想尽办法调查买家对商品的评价。然而,调查和预测很难见成效，因为创意产品的成功与否，很少能够根据过去的经济发展形势来看其是否能满足现在的需要。如果投入失败了，投入的资本很难挽回。这一特性表明任何创意产品的投入都蕴含着巨大的风险，风险的分配与承担方式对于生产的组织形式至关重要。这就是好莱坞观察家称为“不可预知”的特性。与创意者不同，经济学家关注的是买方与卖方的信息差别问题，对于创意产品亦是如此。需求方的满意度是一个主观问题。尽管生产方十分关注产品的生产过程，但他们不知道也不可能知道其产品是否会得到消费者的认可。组织结构问题主要是用来解决信息差异问题的，但对于信息不对称的问题需十分关注。复杂的创意产品（如电影、通俗音乐唱片等）要经历从构思到成品的一系列阶段，在每一阶段都要投入一定成本。由于需求的不确定性，也蕴含着一定的风险。

（二）创意产品的差异性

一般来讲，对创意产品评价的主要方式就是把它与其他同类产品做比较，这种比较可分为纵向比较和横向比较。如在同时播放的电影中，可能只有一个节目会得到观众的青睐。世上没有两个东西是完全相同的，它们的不同可能导致截然相反的后果。尝试过同类的两个不同产品之后，买方可能会认为甲产品比乙产品更好，经济学家则把它称之为纵向区别。如果甲与乙的销售价格相同，那么没有人会买乙种产品；文化产品在它们的特性、基调、风格等方面都存在不同，而这些都是独立于购买者对产品质量评估之外的。两首歌曲、两部动作片，在消费者看来，其特点和质量可能非常相同，但它们又不完全相同，这就是经济术语所称的横向区别。当存在横向区别的产品以同样的价格出售时，人们的偏爱程度是不同的。创意产品通常是横向区别与纵向区别的混合体。大多数创意产品与其他产品的区别很多。例如，油画在其大小、颜色、想象方式、制作方式方面有很大的不同。不同方面越多，横向方面的区别就可能越多。尽管所有人都认为在乙电影中主角的表演比甲电影中的主角的表演更出色，但是人们也会因为其他方面而更喜欢甲电影。

通常这一种类的多样特性可以激发艺术家从各种可能中做出选择，

或者是刺激消费者或中间商从一系列真正的具有创意的产品中做出选择。具有创意性的作品并不是无穷尽的，已经创作出的作品却数目繁多。创意产品是横向区别和纵向区别的混合体，其中横向区别激发创意产品种类的多样性。人们会发现，可能会有两幅作品在创作风格上有很多相似的特点，两部作品的艺术价值也可能不相上下。换句话说，两幅作品的横向区别不是很大，这是限制创意产品种类多样性的一个因素。另外，虽然创作的可能性很多，但并非所有的创作都能变为现实。这是因为，尽管有些创作成本低廉（如歌曲等），但是有些创作却是成本高昂（如大制作电影、歌剧、动漫游戏等）。如果创作成本达到了消费者的消费极限，必然会产生一种不同的组织形式问题。这种情况必须依靠非市场方式加以弥补。

（三）创意者的关注

经济学家通常认为，雇佣工人所考虑的只是工资、工作条件以及所需要花费的精力，并不关心他们所生产的产品的特点、性能，也不会考虑产品的式样、颜色或者特性。然而，在创意行为中，创造者（艺术家、演员、作家等）却非常注重产品的原创性、卓越的艺术表现以及艺术的和谐统一。这些对艺术成就的关心虽然与顾客对产品的接受程度并无紧密关系，但艺术产品的质量却与该产品的销售不无关系。例如，音乐家们注重的是演奏的细腻性，而不会为了迎合观众的品位而刻意改变其演奏方法，尽管可能会因此影响到观众的消费欲望。所以，把创意行为与普通的商业活动相结合就成为更深层次的问题。

有人认为创造性灵感是对浪漫主义的继承，艺术的产生来源于艺术家的内在需要。想象和热情是艺术家应具有的素质，不能将二者与理智和习俗混为一谈。惟妙惟肖地临摹艺术大家的作品曾一度为人们称赞，现在却成为无能与懒惰的表现。艺术呼吁高度的真实性，真实性则是区分艺术家与普通工匠的标准。艺术家如果在某一方面的创作过程中需要与普通人合作，艺术家们一般都不会妥协，他们拒绝对将来的艺术创作做出任何承诺，也不愿接受对他们的种种限制，这种差异的主要原因在于艺术资源的有限性。在考虑要不要妥协的情况下，原则问题是绝对不容妥协的，所以艺术家在交易过程中所思考的往往并非利益最大化问题。

艺术的这种特性说明，如果艺术家重视的只是个人收入，他们就不会创造出如此多的艺术品。他们的实际工资往往要低于他们的能力、技能和教育应得的报酬。从经济学角度考虑，如果工人十分关注产品的质量，那么生产的组织问题就会根本改变。在创意活动中，对于企业家来讲最期盼的就是尽可能地减少创造性的成本投入。而艺术家最不愿意做的是必须同时就创造性产品的特点与雇用条款进行谈判，这些艺术人员通常不愿意事先对他们的产品做出任何承诺。艺术家们在创作之后都很难对他们的审美观点进行描述，更何况是要提前把它们确定下来。艺术家作品的外在表现是为了实现内在构思，并使其具体化，这一事实说明了艺术作品成果不可知的原因。艺术家不知道也不可能预测他们的创作与其他作品是否同样具有竞争力。更重要的是，他们也不知道他们的构思是否能够把内心想法完全表现出来。他们既要注重创作观点的水平，也要注重如何有效地将这些观点表现出来。

(四)创意的多技能要求

在创意产品的生产过程中，有些创意产品的生产一个人就可以完成，如油画；而很多产品的生产则需要各种不同技能的专业人员，每个人都可以把个人品位与风格注入产品的质量与形态中。电影拍摄工作就是很多艺术人员共同努力的结果，他们每个人的专攻不同，审美观点不同，喜好也不同，而导演的工作就是负责协调各种差异。个人喜好与品位的不同显然会使组织行为复杂化，这正是艺术至上的表现。

生产功能是联系具体的生产行为和获得产出的纽带。人们通常认为生产投入是可替换的：生产产品只需要两个劳力、一点资金，或是一个劳力、双倍的资金，或是更多的劳力而不需要任何资金。然而，在可增值的生产关系中，如果要得到具有商业价值的产出，每个生产投入必须到位，或是生产行为至少要达到精通或是超出精通水平。“零的倍数仍然是零”，这就是迈克·科米尔的关联性生产理论。这种人员的多样性说明了特定创造性项目的人员选择问题以及维持项目内部人员间的合作问题。而在创意产品生产中，如果所有这些创造投入都必须达到或超出熟练水平才能生产出合格的产品，那么这一创作过程就会更加复杂。这样的创意行为被经济学家称为“增值生产功能”。

三、创意的分类

(一)从范围上可分为宏观创意、个体创意和应用创意

(1)宏观创意与人类文明史紧密相连。正如诺贝尔经济学奖得主斯蒂格利茨所说：“文化不仅是艺术、音乐、舞蹈和戏剧，而是整个的生活方式。”因此，宏观创意可以被认定为泛指一切可视的创作现象，这种创作现象除了文学艺术，还包括日常生活在内的整个人类的生活方式，即人类文化存在的样式。

(2)个体创意是特指个人的创造。所谓个体创意，也就是个人用不同的方式把自己的情感、灵感、直觉、想象、才情、智慧等通过其语言或不同类型的表达载体进行描绘和叙述。

(3)应用创意是指个体创意在产业化过程中的创意。如果创意与产业目的相联系，其目的就不再囿于单纯的个人欣赏和品鉴，个体创意在产业化过程中的创意便是应用创意。应用创意是与宏观创意、个体创意既有联系又有区别，但相对两者又有所超越的一种创意。英国的创意产业特别工作组就曾指出，创意产业的创意行为是“源自个人创意、技巧及才华，通过挖掘和开发智力资源以创造财富和得到知识产权认可的活动”。所以，应用创意就可理解为来自于个体创意，但又超出了个体创意。在超越个体创意变为应用创意的同时也就成为宏观创意的内容。以应用创意为主体内容的宏观创意是描绘和改变我们生活世界的重要途径。

(二)从创意理念上可分为文化的创意、审美的创意和产业的创意

(1)文化的创意。把创意作为文化现象应该是种很正常的逻辑，文化创意的发生和存在也是人类文化发展的自然阶段。管理学家波特在谈到经济发展的四个阶段时分析说，在财富驱动阶段即第四阶段，成为经济发展新主力的是人们对文学艺术、体育、保健休闲旅游等方面的追求，并体现为对个性全面发展可能性的追求。因而，可以说创意是这种

"生活方式"的直接体现。20 世纪 80 年代,国人对文化认识的直接表现,主要是在表演艺术和视觉艺术方面,后来才逐渐在时尚、商标、装潢等诸多领域改变传统的既成观念,在新的观念引领下,以新的方法和手段改变日常生活。对于具有 5000 年文明的中华民族来说,文化的创意历史悠久、载体丰富。器皿、服饰、文字、书画、风俗、诗词歌赋等无一不是中华文化的代表,而这些表现人类文明的载体的具体意义就在于为一个民族脱离自然界的程度或与自然界拉开距离的能力,这种能力正是创意的直接表现。中华民族很早就形成了对文化特有的理解和认识。成文于战国时期的《易经》中说:"观乎天文,以察时变,观乎人文,以化成天下。"

文化具有技术和价值两大层面。在技术层面,文化表现为文化的物质化;在价值层面,文化表现为一种观念,即精神化的思维方式、审美旨趣、价值取向等。同理,创意也包括这两个层面,而且是这两个层面的一体化,是这两个层面的高度凝聚和直接体现。同时,创意作为一种文化现象,其文化特质和品性也必然决定了它的审美性质。就是说,这种文化现象以其充满美感的力量赢得了自身的审美价值。

(2)审美的创意。美感与文化是密不可分的因素,正因为文化是"会集众彩以成锦绣"的美丽的斑纹或图案,所以文化的事物具有审美价值是必然的。由于创意是以文化为对象和内容的创造现象,因而创意的审美性质是不言而喻的。在西方文艺复兴时期,人们根据亚里士多德"艺术即模仿"的观念把相分离的诗与绘画、雕塑统合到一起,形成了"诗如画,画如诗"的观念。于是,诗与绘画等艺术(技艺)被普遍地统合在"美的艺术"的范围之内。新石器时代,不同地域的彩陶文化(如西安半坡出土的人面鱼纹彩陶、临潼姜寨出土的蛙纹彩陶以及青海大通出土的舞蹈纹彩陶等),无论其陶盘的造型还是其纹饰之美,都堪称中国最早的充满美感的创意。进入青铜时代,中国的青铜器、玉器、象牙雕刻、白陶等,造型考究,图案细密富丽,布局严谨整齐,给人以极其充分的美的感受。

中国审美的创意自上古时期开始就随着社会的发展而发展,并在发展中得到了高度的重视。例如,宜兴的紫砂壶,景德镇的陶瓷,蜀、湘、粤、苏的刺绣,等等,无不是以其充分的美感所独具的价值而流芳于世。这些中华文化的原始形态为我们提供了丰富的营养。

(3)产业的创意。创意最终发展的结果是产业的创意,或者说产业成为创意的对象。可以说产业的创意是创意的最终完成阶段。创意产业作为一个独立的名词,产生的时间并不长。但从另一个角度看,创意产业是现代工业化的产物,特别是随着现代工业的发生及发展,其地位日益凸显,从这个意义上说,创意几乎是与现代工业相伴并行的,并在现代工业化的进程中慢慢形成。

第三节 创意的过程与方法

一、创意的过程

创意的本质特点是创新、灵活多变、不受拘泥。创意过程没有固定不变的模式,但通过对众多杰出的创意实例的深入研究,发现创意过程大致可分为六个阶段,即发现问题、提出问题,搜集资料、冥思苦想,灵感闪现、豁然开朗,反复锤炼、小心验证,实施转化、扩大战果和全面测定、预测效果。需要说明的是,并不是所有的创意都要按照此模式循序渐进地完成。但是,了解创意的基本过程,无疑有助于人们更好地认识创意的本质,更好地实现创意活动。

(一)发现问题,提出问题

这是创意的准备期。一切创意都是从发现问题、提出问题开始的。它是外部信息在脑海中的输入过程,也就是掌握问题和搜集材料的过程。创意活动的前提是提出相关问题,使创意思维围绕这个问题而展开,并确立研究的方向。这一阶段中,所发现的问题的准确性、有用性、鲜明性及独特性是关键。只有选准了问题,才能避免盲目性。当选中某一问题后,还要进一步从各种角度对该问题进行审视,以准确地捕捉适于解决问题的思路,准备相关的知识,搜集有关的经验,分析有关的事项,创造有关的条件,并预见可能遇到的困难和后果。正确寻觅和发现问题,也就是明确创意对象,这是创意的开端和首要任务。如果发现的问题偏离了方向,甚至是错误的,那么就会失去整个创意的方向和目标,也不可能有效地解决问题。正如爱因斯坦所说:“提出一个问题,往往比解决一个问题更重要。”这个阶段是心理高度紧张和全神贯注的时期。

(二)搜集资料,冥思苦想

搜集资料,冥思苦想,这是创意的酝酿阶段。首先,为了有成功的创意,必须注意收集、整理、分析信息、事实和材料。要收集的资料(信息)一般有两种类型:一是特定资料,主要是指与特定创意对象相关的资料,和与特定策划对象相关的公众资料,这类资料大多可以通过专业调查得到;二是延伸资料,这些资料未必都与特定的创意对象相关,但一定会对创意思维的开拓有帮助。有敏锐感受力和责任心的优秀创意人,应该对各方面的资料都有浓厚的兴趣,而且喜欢了解各个学科的资讯,随时随地捕捉这些信息、事实和材料,并尽快吃透它们,因为它们是创意的促发因素。

创意思维的材料收集犹如制作一个万花筒,万花筒内的材料数量越多,组成的图案就越多。同样的,创意前掌握的原始资料越多,就越容易产生创意。资料搜集到一定程度后,就要对所搜集的资料进行认真阅读、理解。这时的阅读不是一般的浏览,而是要带着一个宏观的思路认真阅读。对所搜集到的全部资料,包括历史的、专业的、一般性的、实地调查的各种资料,以及过去积累的资料,都应梳理一遍,并注意整理、整合和理解。

要学会认真研究所有资料,对一个事物用不同的方式去考虑,通过不同的角度进行分析,然后尝试把相关的两个事物放在一起,研究它们的内在关系和相互配合的情况。

必须指出的是,创意实际上是创意者将个人的一切知识和信息重新组合和使用的过程,不论创意者进行什么样的创意,都绝不会超出个人的知识范畴。因此,从广义上看,创意者应更广泛地搜集资料与储存信息,要“广泛地分享人生”“广泛地细心阅读”,做生活的有心人。也许大家都有过这样的经验:在日常生活中,对工作或某些事情突然有了灵感,当时你可能是在公交车上,可能是在浴室里,也有可能是在半梦半醒之间,但这些念头大部分都是转瞬即逝,若当时没有记录下来,过后可能会想不起来了。因此,一个爱上创意的人要随时随地观察和体验生活,不放过任何一件自己感兴趣的日常琐事，随时捕捉观察到的新信息和体验到的新感觉，并记录下来，以备创意之用。

创意者应明白，任何创意都是一个厚积薄发的过程。接下来就进入创意的沉思和思维发散阶段。在这一阶段，要对搜集的资料、信息进行加工处理，探索解决问题的关键点，因此，这一阶段所花费的时间和精力相对来说也比较多，是大脑高强度活动的过程。此时，要前后左右、纵横交错地发散思维，让各种思想在大脑中不断反复交叉、组合、撞击、渗透，形成新的组合，并进行加工。与此同时，在加工资料、信息时应主动运用创造方法，进行创新思维，形成新的创意点。在这一阶段，特别强调有意识的选择及全方位的思考，使各方面的问题都暴露出来，从而选择有价值的思维，摒弃不必要的部分。为使酝酿过程更加深刻，为今后的创意过程起到良好的铺垫作用，创意者还应该把思考的范围从自己熟悉的领域扩大到表面上看起来与之并没有什么联系的其他专业领域，特别是自己未涉及或忽视的领域。酝酿的过程实际上是消化和转化信息，在头脑中进行象征性尝试，以重新组合概念的过程。当问题无法解决时，创意者可以将问题暂时搁置而从事其他活动。从表面上看，这一问题的思考已经中断，但实际上仍在潜意识中断断续续地进行，也可能在睡梦中产生闪光点。这个过程对于创意者的意志品质来说是一个很重大的考验，常令人有“山重水复疑无路”的挫败感，这时适当的散心、运动和休息是非常必要的。

（三）灵感闪现，豁然开朗

这是创意的顿悟期（或爆发期），即创意者在这一阶段寻找到了解决问题的方法。顿悟期很短促，它突然、猛烈地爆发，灵感在不知不觉中产生，稍纵即逝。顿悟常以“突发”式的醒悟、“偶然性”的获得、“无中生有”式的闪现或“戏剧性”的巧遇为表现形式。盼望已久的创意在脑海里闪现的瞬间，也就是人们常说的“豁然开朗”。顿悟是所有思维火花碰撞的结晶，具有很强的冲击力。虽然顿悟期很短促，但却是整个创意过程的转折点。灵感会突然来临，有时是在睡梦中，有时是在从事其他活动的过程中。但需要说明的是，灵感的闪现不是轻易出现的，而是经过艰苦的脑力劳动后出现的。如果前面的两个步骤完成得很好，一个完美、潇洒的创意最终就会像一声春雷惊醒冬眠的大地，你所向往、追求、苦苦思索的问题答案一下子跳了出来。正如阿基米德在洗澡时突然发现浮力定律后，顾不得穿上衣服就跑到大街上高呼："尤里卡，尤里卡（我发现了）。"这是一个令人忘情的时刻。在这一时刻，创意者是高度兴奋、无比幸福的。为了迎来灵感闪现、豁然开朗的美妙时刻，使创意早日诞生，要注意如下几个方面：

1. 保持良好心态

正式开始创意之前，必须注意保持良好的心态，使自己始终维持旺盛的工作精力。要有明确的目标意识，清楚自己现在要解决的问题；排除各种干扰，不要让与创意无关的事情干扰你，不要担惊受怕，担忧会束缚你的想象力和主动精神；不要过度地自我批评，对他人的要求不要过于苛刻，以保证创意思路自由畅通。

2. 记下每个主意

不断排列、组合以自身经验和知识汇集而成的各种形象、记忆片段、抽象意念、声音、节奏等"思维材料"，生发新的主意与点子。不管想出的主意多么微不足道，都要动手记下来。因为看起来非常微不足道的主意，往往可能是未来伟大创意的起点。

3. 学会自我放松

经过长时间的绞尽脑汁、苦思冥想之后，如还没有找到满意的创意，这时就要丢开固有的概念，松弛一下紧绷的神经，去做一些令人轻松愉快的事情。事实上，大多数创意灵感都是在身心放松的状态下产生的。如宋代大文学家欧阳修总是在马上、枕上获得灵感，爱因斯坦关于相对论的灵感就产生于其养病休息期间。

自我放松的办法很多。如做喜爱的运动：倒立（指挥家卡拉扬喜欢这样做）、游泳、保龄球、散步（约翰·施特劳斯就是在清晨的树林中散步时孕育了名作《维也纳森林的故事》）等。沐浴、听听音乐、浏览报纸杂志，甚至小睡一会儿也都是自我放松的好方法。

4. 营造良好氛围

环境氛围会带给人特定的情绪感染和刺激。因此，创意者要善于营造便于产生创意的工作环境。可通过装饰布置工作空间，营造出能激发想象的情景氛围。我国书法艺术的奇迹——《兰亭集序》的产生，跟当时的兰亭集会所营造的创作氛围是分不开的。兰亭集会上名家汇集，尽情而欢，加之舒适宜人的气候条件，形成了和谐、轻松、富有灵气的创作氛围，使王羲之留下了惊世之作。我们读一下王羲之对现场的描绘，就会深有体会："群贤毕至，少长咸集。此地有崇山峻岭，茂林修竹，又有清流激湍，映带左右。引以为流觞曲水，列坐其次。虽无丝竹管弦之盛，一觞一咏，亦足以畅叙幽情。是日也，天朗气清，惠风和畅。仰观宇宙之大，俯察品类之盛，所以游目骋怀，足以极视听之娱，信可乐也。夫人之相与，俯仰一世，或取诸怀抱，悟言一室之内；或因寄所托，放浪形骸之外。虽趣舍万殊，静躁不同，当其欣于所遇，暂得于己，快然自足，不知老之将至。"所以，营造良好的工作环境是不容忽视的重要因素。

(四)反复锤炼，小心验证

这是创意的验证完善期，是对创意进行完善和充分论证的阶段。虽然顿悟期会让创意者极度兴奋，但顿悟出现在瞬间，难免有些稚嫩、粗糙，甚至可能是错误的。创意刚刚出现时，常常是模糊、粗糙和支离破碎的。它往往只是一个雏形，一道十分微弱的"曙光"，还需要我们仔细推敲，进行必要的调查和完善，把一个毛坯打磨成一个完美的产品。因此，反复锤炼、小心验证是十分必要的。这就要求将顿悟的创意通过各种方法加以整理、充实、完善和检验。只有经过实践认证的创意，才是有价值的创意。论证既包括理论的认证，又包括实践的检验。在这个阶段，有意识的功能又开始发挥主导作用，思维状态从发散恢复到集中。这一阶段需要对最初闪现的出色的思想、崭新的观念、奇异的构思立即进行捕捉，及时甄别、迅速追踪和抓紧完善。这时，稍微迟疑和疏忽，都有可能导致创意得而复失，灵思逃逸。在验证完善期，应保持心态平稳，无论结果怎样，都要抱有一颗平常心。此外，在验证过程中要细心、耐心和谨慎。

1. 创意的升华与拓展

再好的创意如不经过反复充分的验证，都是无法实施的，只能是纸上谈兵。

2. 从理论上验证创意

为了使创意优化和切实可行，首先必须从理论上对创意进行评估论证和综合分析评价，比较创意的方案，进行优选。

3. 在实践中修正创意

要把创意方案内容具体化，落实到具体的社会活动中，并及时反馈实施信息，以便及时修正方案。具体包括：明确实施方案的具体时间和期限，明确实施活动的步骤，以及指导、监督和调控等内容。将新生的创意交给其他同仁审阅评论，是业内人士喜欢采用的一种好办法。如广告创意大师大卫・奥格威在为劳斯莱斯汽车创作广告时，写出6个不同的标题，然后请6位同仁来审评，选出了最好的一个，这就是后来被奉为经典的广告词："这辆新型劳斯莱斯时速60英里时，最大的闹声来自电钟。"这篇广告的正文写好后，他又找了三四位文案人员来评论，反复修改后才定稿。可见创意只有以人为镜，以市场为镜，才能修成正果，成为成功的创意。

(五)实施转化，扩大战果

创意概念出现后，有时并非完整或完全符合环境需要，必须进一步将其细化、具体化、可行化、计划化，然后才能付诸实施。有时大创意、母创意不能一下子达到目的，在执行实施过程中还要延伸，派生出一些副创意、子创意，从而形成完整的创意集群；有些创意更要通过变异、变化、改正、修正，才能切合实际；有些创意在实施过程中物化成物质产品、工程商品，有些变成我们可感知的行动、运动、视觉。因此，这一阶段是非常重要的。我们称这一阶段为实施、转化及延伸期，其主要工作包括如下方面：

1. 编写创意报告

创意报告是对创意后形成的概要方案加以充实、完善，用文字和图表进行简要表达的文件。创意报告主要包括以下几部分内容：

(1)名称：创意报告的名称必须简单明确、立意新颖、画龙点睛、具有吸引力。

(2)单位、人员：说明负责创意的单位和主要创意人的概况。有时，创意单位的声誉、实力以及创意人员的知名度是十分重要的。

(3)创意目标:要使用突出创新性、确切性、规范化、数字化的专业用词来表述。

(4)创意内容:这一部分是创意报告的重点,是创意者说明想法及其理由、根据的部分。要求表述准确、有理有据、具有权威性。

(5)费用分析:列表说明创意计划实施所需的各项费用及可能得到的收益,并对其进行可行性分析,以提高创意计划的可信度。

(6)参考资料:列出创意报告的主要参考文献资料。

(7)注意事项:说明创意实施时所要注意的事项,使管理人员能在实施时对方案中的各种偏差及时进行纠正,避免不必要的损失。

2.演示创意方案

创意报告写完后,通常要向委托人讲解、汇报,并动员有关部门积极参与。从这个角度来讲,创意是富有戏剧性的表演,在演示创意方案时要注意考虑四个方面的问题:

(1)背景环境:要选择适当的时间、地点进行演示和解说。

(2)道具选择:选择好表达创意的工具,如图表、幻灯片、视频短片等能有效表达创意的辅助工具。

(3)演示人员选择:选择善于演讲、应变能力强的人协助解说和演示创意方案。

(4)后备方案:上述因素发生临时变动时,要启用备用的应变方案。

3.实施总结

这是创意的最后一环。当创意报告得以通过后,就进入实施阶段。实施过程中应时刻注意方案的执行状况,以保证出现偏差时可以及时纠正。实施结束后,要在搜集各种信息之后进行总结,对方案执行前和执行后的各种资料进行分析对比,明确方案是否取得了预期成果,成功的关键何在,失败的因素是哪些等,以供下次创意参考。

(六)全面测定,预测效果

对创意效果进行测定,也是创意的基本程序之一。效果测定有直接测定和间接测定两种。直接测定,即测定者根据调查所收集到的第一手资料,对创意活动进行测定,主要方法有访问法、观察法、试验法和统计法等;间接测定,即测定者根据创意原始调查资料对创意效果进行分析与测定。直接测定与间接测定主要都是利用统计分析技术对结果进行综合分析与检测的。除此之外,还可采用现代数学方法与计算机软件技术对创意效果进行科学快捷的定性与定量的综合分析,以得到精确权威的测定结果。

创意效果具体表现为经济效果和社会效果两方面内容,可以分别进行测定。

1.创意经济效果的测定

整个创意活动过程的测定包括事前、事中、事后三部分。只要对创意效果进行全面测定,就可以完整、真实地反映创意的经济效果。

创意经济效果的事前测定主要以目标性原则为基础,对得到的各种数据资料加以分析研究,从而预测创意对创意行业的经济作用,评价其经济可行性。评价的方法主要有:(1)发动全体成员收集各种资料,力求资料的广泛性与真实性,以确保以后各项工作顺利进行;(2)和同行业进行类比,得出各种资料,并加以分析与研究;(3)凭经验判断,由有经验的管理人员进行分析与评价。

创意经济效果的事中测定以定性分析为主,主要目的是以创意计划为评价的标准,看创意的执行是否与计划步调一致,其预期效果是否已达到。当出现偏差时,应及时加以调整,才能保证创意计划向既定目标顺利前进。

创意效果的事后测定以定量分析为主,主要目的是检测创意的效果是否已达到预期的目标,并进行总结,积累经验,以供下次创意时参考。其关键是对创意实施后经济环境的变化给予评价,对成本与收益情况进行分析。

2.创意社会效果的测定

创意社会效果是指创意实施以后,对社会环境(包括法律规范、伦理道德、文化艺术、自然环境)产生的影响。创意社会效果测定一般采取定性与定量相结合的分析方法。在分析中要把握一点:即使一个创意的经济效果很显著,如果它缺乏社会效果,也就称不上是完美和成功的创意。

总之,创意过程具有一定的必要性和严格的顺序性。通过对创意过程的了解，我们可以揭开创意的神秘面纱，把握创意的发展规律，创造出优秀的创意，奠定创意经济生发的基础。

二、创意的方法

我国原有的教育体系比较欠缺对学生创意思维方面的训练。另外，长期的封建社会造成人们“唯神、唯书、唯上”的传统观念，这极大抑制了人们的创造性。那么，如何充分发挥自己的主观能动性，进行创意呢？

第一，紧密关注消费者就是一个很好的开端。消费者对商品和服务总会发出一些怨言、意见及建议，如果能认真听取这些怨言、意见和建议，并发挥自己的联想能力、创造与革新能力，创意的内容就会显现。例如，日本某冰箱公司的一位技术员听到太太抱怨冰箱只有一个门，取点小东西也得全部打开，实在很麻烦，之后，他就开始研发双门冰箱。

第二，对本身所具备的资源的充分挖掘也是一种很好的创意方法。例如，在原有的客车上增设空调卧铺，在商场的销售中增加现场抽奖环节，在手机中增加摄影、微信及其他上网新功能，等等。

第三，更新自身的思维方式。如对现有的许多东西进行新的组合或进行某种新的改进，从而获得 1＋1＞2 的效果。例如，将原有的旅游项目和新策划的节日活动组合起来，将各种修理家用电器的工具组合起来成为一个万能工具包，把书店与咖啡馆组合起来开“书吧”等，都是组合思维法或改进思维法的创意例证。

第四，对常规、习俗、权威要有质疑的态度，甚至可对其进行逆向思维。例如，网络营销就是对传统实体店铺营销方式的“反叛”，仓储式商场便是对精装修大商场的“逆反”，等等。

三、名人谈创意

要拿出足以傲视世人的创意，是有一定规律可循的。创意必须遵循一个大致相同的流程，即建立在广泛、确凿的资料统计基础上，通过分析、酝酿、顿悟得出创意粗坯，再进行检验和评价，最后汇总成一个成熟的作品。因此，可以说创意是经过一段艰辛而严密的思考后的超越性产物。创意就是一段心智历程，最后的思索导致主意的产生。许多名人都根据自己的经验对这段心智历程提出了自己的看法。

发明头脑风暴法的奥斯本博士，把创意过程分为七个阶段：

(1)定向：强调某个问题(问题意识)。

(2)准备：搜集有关资料。

(3)分析：对有关材料进行分类。

(4)观念：用观念进行各种各样的组合。

(5)沉思："松弛"，促进启迪。

(6)结合：把各部分结合起来。

(7)估价：判断所得到的思想成果。

詹姆斯·韦伯·扬是美国广告界的泰斗，曾任美国汤普生广告公司副总经理、董事及高级顾问，对创意做过深入研究。他提出了创意五步法：

(1)收集资料：如蜜蜂采蜜，搜集各方面有关资料。

(2)品味资料：对所搜集之资料反复咀嚼，要带有问题意识。

(3)孵化资料：思考在目标要求下怎样去传达商品信息，对事物进行综合重组排列。

(4)创意诞生：灵光突现，创意产生。

(5)付诸实施：创意最后定型，付诸实施。

加拿大内分泌学家、应力学说创立者塞利物，把创造与生殖过程做类比，提出了一个七阶段的创造模式：

(1)恋爱与情欲：指追求真理、创意的强烈愿望与热情。

(2)受胎：指发现和提出问题(确立问题)及准备资料。

(3)怀孕：开始孕育新思想。这时，创造者自己可能还没有意识到。

(4)痛苦的产前阵痛：这种独特的"答案临近感"只有真正的创造者才能体会到。

(5)分娩：使人愉快和满足的新思想诞生。

(6)查看与检验：像检查新生婴儿一样，使新思想通过逻辑和实验的验证。

(7)生活：新观念、新思想受到考验并证明了自己的生命力后，便开始独立生存，并可能被接受。

我国近现代学者王国维在其《人间词话》中，侧重创作中的非逻辑因素，以借喻的手法描述了其创作的情感体验过程。王国维所描述的三种境界也适用于创意。

第一境界："昨夜西风凋碧树，独上高楼，望尽天涯路。"要产生好的创意，首先要有执着的追求，登高望远，了解事物的概貌，勘察路径，明确目标和方向。

第二境界："衣带渐宽终不悔，为伊消得人憔悴。"好的创意不是轻而易举就能得到的，必须坚定不移，废寝忘食，孜孜以求，直至人瘦带宽也不后悔。这是一个艰难的追求、探索阶段。这个阶段是视野逐渐开阔、思维渐趋活跃、灵感时而涌现的过程，要有"欲穷千里目，更上一层楼"的孜孜不倦的心态和旺盛的斗志。

第三境界："众里寻他千百度，蓦然回首，那人却在灯火阑珊处。"这是一个将各种知识融会贯通，不断提出新创意的过程。要达到这种境界，必须要有专注的精神。只要反复追寻、研究，下足功夫，自然会豁然贯通，达到"顿悟"，有所发现、有所发明，从必然王国进入自由王国。

黄霑先生既是中国香港著名的词曲家，又是一位颇有创意的广告人，他对创意也有自己的经验：

(1)藏：收藏资料。

(2)运：运算资料。

(3)化：消化资料。

(4)生：生产意念。

(5)修：修饰所产生的意念。

以上种种有关创意的过程和方法，仅在视角和表达方式上有所不同而已，本质上是相同的，都说明了创意是一段心智历程，而不是一个"片断"。其实，创意过程就是一连串的重组，以已重新排序的旧有事物作为基础，从一个崭新的角度摆脱理智、逻辑、直线的思考方式，在同中求异，在异中求同。下面撷取几个有助于创意的情节，供读者参考。

不是守则的守则：

(1)只想能走在时代前沿的点子，不必想比时代早几个世纪的点子。

(2)先想出许许多多的点子，然后再淘汰不满意的点子，沙中自有你要寻找的金子。

(3)不要只寻求唯一的正确答案,因为“条条大道通罗马”。

(4)如果一时想不出来,就暂时休息一下。学学聪明的一休:“休息,休息一会儿。”

(5)想到点子就马上记录下来,免得忘记。好记性不如烂笔头!

最易产生创意的瞬间:

坐马桶时、乘公交车时、上班出勤时、从事体力劳动时、约会时、运动时、参加一个无聊的会议时、洗澡时、半睡半醒时、夜半醒来时。

思维枯竭时,可以做些新鲜事:

(1)四处溜达一下。

(2)边淋浴边唱歌。

(3)玩猜字谜游戏或电脑游戏。

(4)换另一条路去上班。

(5)闭上眼睛,做做白日梦。

(6)打个电话给朋友,用三言两语叙叙旧。

(7)拿份杂志,撇开文字,只看图片,从头到尾浏览一遍。

第二章 创意思维篇

第一节 创意思维的意义

一、创意能改变世界

创意思维就是大脑构想创意的过程。一般来说，创意思维的获得始于灵感而终于构思，具有一定的现实意义。

人是能思维的动物，思维能产生创意，这是因为人类思维具有超越性。思维能够超越具体的时间、空间和客观事物，人们的每一项创意都是运用思维超越性的结果。创意的价值在于指挥人类的活动，当创意实现以后，物质世界就发生了变化。创意能改变世界，创意给世界带来的新事物取代了旧事物，世界因此才能一步步前进。

二、市场经济需要创意

在现代社会市场经济体制下，竞争成了社会生活的主旋律之一。在市场经济中，企业之间的竞争经历了三个阶段：第一阶段是物质领域的竞争，争资金、原料、设备、市场；第二阶段是对人才的竞争，想尽一切方法招揽人才；第三阶段是对创意型、智慧型人才的竞争，因为他们对企业的整体效益和长远发展具有无法估量的价值。

三、创意是创新能力的核心

人类思维中最重要的就是创意思维。人类历史上和现实生活中的所有新事物，都是创新思维的产物。只有具备创意思维，才能运用它解决创新性问题。法国思想家帕斯卡说："人不过是一株芦苇，是自然界中最脆弱的东西。可是,人是会思维的。要想压倒人,世界万物并不需要武装起来,一缕气、一滴水,都能置人于死地。但是,即便世界万物将人压倒了,人还是比世界万物要高出一筹;因为人知道自己会死,也知道世界万物在哪些方面要胜过自己,而世界万物则一无所知。”

四、创意是实现自我价值的途径

人们在事业上的新追求、新目标、新理想的不断产生,正是创意思维的结果。要满足人类不断增长的需要,实现人类对幸福的追求,就要依靠创意思维。创意思维可以使人享受到人生的最大幸福,从而实现人生的最大价值。正如拿破仑所说:“创新是力量、自由及幸福的源泉。”人在创意思维中不断进行自我创新,而自我创新正是不断突破自我的既存状态。

第二节　创意思维的本质及特征

一、创意思维的本质

创意活动是一种不同于以前的思维创新、观念创新、理论创新和行为创新的活动,是一种综合性的创新活动。在这里,始终贯穿于创意活动的创造性思维具有不同于一般思维的特点。在过去的思维理论中,是否合乎理性,是否合乎逻辑常常被理解成人类思维的标准,而这种标准又被理解为可以通过逻辑重建的科学解释的演绎思维模式。而创造性思维的逻辑不是那种墨守成规式的演绎逻辑,而是随时会出现跳跃的、充满偶然性的、建设性的逻辑,是一种可以做出多种选择的逻辑,是一种只明确目标、不制定方法的准则逻辑,即目标怎样更好、更有效和更有帮助,至于如何达到这些目的,则属于创意活动的主体依据各种复杂因素和条件,发挥自己创造性思维的创新活动。在社会实践需要所产生的目标指导下,以一定的心理结构为基础,主体通过意识与无意识的交替作用和辩证统一的过程,对储存的信息和外来的信息,经过鉴别和筛选,重新联结和组合,从而发明或发现一种新方式,用以处理某件事情或表达某种事物的思维过程,是创造性思维的本质。

(一)多种思维形式有机结合的辩证统一过程

既有逻辑思维,又有非逻辑思维;既有抽象思维,又有形象思维;既有发散思维,又有收敛思维。这是在创意思维过程中经常出现的现象。这些不同的思维形式构成了既相互区别、相互对立,又相互补充、相互依存的矛盾关系网。创造性思维活动得以在这一"互联网"中展开。

多种思维形式有机结合的辩证统一体是创意思维特征之一,它绝不是一种简单的单一思维模式。这些辩证矛盾都是客观世界本身的矛盾,它所揭示的是事物本身具有的对立和统一的运动过程。在这种对立与统一的运动过程中,矛盾双方连为一体,互为条件,使对立面在相互依存的统一体中得到产生与发展。这是因为,矛盾双方力量的变化过程是相互依存的,任何一方都不可能脱离对立面而孤立地发展。其次,这些相互区别、否定和对立的思维形式之间还存在着相互渗透、相互贯通的特征,这一特征使矛盾双方都在相互吸取有利于自身的因素,并在相互利用、相互促进中各自得到发展。由此可以说,各种相互对立的思维形式之间的互补成果构成了创造性思维。

在创造性思维过程中,逻辑思维与非逻辑思维这两种性质特征完全不一样的思维形式都是不可或缺的。一方面,非逻辑思维在创意过程中起着决定性的作用;而另一方面,逻辑思维则具有重要的基础性作用。从一个问题的发现与提出,到对现象的描述、概括,再到对非逻辑思维结果的补充、解释和系统化理论的建立等,全都离不开逻辑思维的作用。事实上,逻辑思维与非逻辑思维在交互作用下持续进行就是整个创造性思维的发展过程。

从字面上不难看出,收敛性思维与发散性思维是思维方向完全相异的思维形式,但是在创造性思维过程中,二者同样是不可或缺的。一方面,发散性思维是一种开放性的多方向思维,它可以使人的思路活跃、思维敏捷,方法多且新奇,能够提出许多可供选择的方案和建议,特别是能提出一些匠心独具的见解,使问题得到奇迹般的解决。因此,发散性思维在创造性思维中具有举足轻重的作用。另一方面,如果只停留在发散思维阶段,就会使人优柔寡断、难以抉择,也很难抓住问题的关键,达不到实际的创造性思维效果。因此，收敛性思维同样是创造性思维的重要环节。这是因为问题的产生大多是收敛性思维的产物，只有收敛了，才能发散；问题的实际解决也离不开收敛性思维，只有收敛了，才能集中优势力量“消灭敌人”，才能做出最终决策。所以说，创造性思维应该是发散性思维与收敛性思维相结合的过程，是方向相反的两种思维形式相互矛盾运动的结果。

最终，相互否定、区别和对立的思维形式之间存在着相互贯通的特点，必然使得它们之间存在相互吸引对方、相互促进对方发展的特点。这些特点从不同角度体现了创造性思维过程发展的基本趋势。以这种思维方式进行科学研究和创意设计，能创造出最科学的理论体系，产生最符合自然本性、最经济的发明物和设计方案。

（二）异中求同和同中求异相统一的思维过程

异中求同就是对陌生事物要持熟悉它的态度，采用对熟悉事物的态度来衡量比较。同中求异就是对熟知的事物，有意识地把它当成陌生的事物，并按照新的理论加以研究。一门学科、一种理论或是一个创意的产生，一般都是求异和求同的产物。物理学是研究了多种物理现象后总结出来的学问。人们在实践过程中，一般总是先用现有的理论和方法去解释新的现象、新的问题。只有当现有的理论不能解决时，才另辟蹊径，寻求新的方法，更新现有理论或是抛弃现有理论而建立新的理论。一般来说，人们总是习惯于先是求同，只是到了迫不得已时才去求异。但是，实际上，对任何一门学科、理论而言，如果不经常异中求同，就不能吸取新养料，丰富充实自身内容；如果不能同中求异，则不能突破规范，向前发展。现代科学技术的发展日益显示出不断分化和综合的趋势，这正是异中求同和同中求异的表现。

（三）多种思维方法和逻辑模式的综合运用过程

我们运用创意思维是要解决以前人们没有遇到或没有解决的问题，这不是一蹴而就的事情。创造性的思维过程必然包括直觉的洞察和灵感的迸发、想象的发挥与模型的构想、类比的跨接与思路的外推、归纳的概括与假设的试探、分析的还原与综合的归纳、反馈的利用与控制的运筹，等等，最后通过不断地试验，形成新的概念框架和理论体系。那种把创造性思维归结为某一种思维方法或逻辑模式的做法都是片面的。辩证逻辑是依据对人类认识成果的总结和辩证思维经验的概括，揭示在思维过程中，尤其是在创造性思维过程中，必须处理好抽象与具体、分析与综合、归纳与演绎等的关系。人类必须从直觉或想象入手，然后才能借助自己的抽象能力。不仅如此，抽象与直觉还可以互相转化。人类的图像识别能力可以看作是一种直觉与抽象之间相互配合的结果，人们很难仅仅依据归纳法和演绎法发现创造性思维的根源。

(四)机智的思维过程

思维迅速轻易地从一类对象转变到另一类内容相隔很远的对象的过程就是所谓的机智思维。思维的惰性、刻板、僵化或者呆滞等都是缺乏机智思维的表现。具有机智思维的人往往思路开阔，妙思泉涌。依靠机智思维创造奇迹的科学家数不胜数，有的甚至是隔行的业余爱好者。如微积分和数理逻辑的创始人——德国数学家莱布尼茨同时还是律师、哲学家。可见在解决实际问题时，具有灵活的思维是创意成功的关键所在。

我们能够及时抛弃已被证明是错误的观点和认识，这是机智思维的另一个重要表现。也就是说，机智思维是坚持性与灵活性的统一。灵活性过大，过早草率地抛弃已有的看法，可能失去获得突破性成就的良机；固守己见，会白白浪费许多时间和精力。机智思维必须以广博的知识为基础。为了使思维不会想入非非，误入迷途，而做到左右逢源，广博的知识是不可动摇的基石。

二、创意思维的特征

《读者》杂志曾刊登过一篇《聋哑人和盲人》的文章。阿西莫夫是世界著名的科普作家，他从小就很聪明，年轻时曾多次参加智商测试，得分总在 160 左右，属于“天赋极高”之列。有一次，他遇到一位汽车修理工，是他的老熟人。修理工对阿西莫夫说：“嗨，博士，我来考考你的智力，出道思考题，看你能不能回答正确。”阿西莫夫点头同意。修理工便说：“有一位聋哑人，想买几个钉子。他来到五金商店，对售货员做了这样一个手势:左手食指立在货柜上,右手握拳做出敲击的样子。售货员见状给他拿来一把锤子,聋哑人摇头。于是售货员就明白了,他想买的是钉子。聋哑人买好钉子,刚走出商店,接着进来一位盲人。这位盲人想买一把剪刀,请问盲人会怎样做?”阿西莫夫顺口答道:“盲人肯定会这样。”他伸出食指和中指,模仿剪刀的动态和形状。听了阿西莫夫的回答,汽车修理工开心地笑起来:“哈哈,答错了吧!盲人想买剪刀,只需要开口说‘我要剪刀’就行了,他干吗要做手势呀?”阿西莫夫只得承认自己的回答很愚蠢。

这个故事说明:创意智慧与一个人的学历是不成正比的,智商的高低并不是决定创意能力的全部,当然更不能决定一个人的未来。影响创意思维的因素是多方面的,值得我们探讨。有的人文化水平不高,却能提出一般人想不到的好点子;有的创意需要长时间反复思考才能得出来,而有的创意却是佛教禅宗所讲的“顿悟”的结果。

那么,创意思维具有什么样的特征呢?

(一)专一的目标

专一的目标指引思维的方向,凝聚了创意者头脑里既有的信息元素。创意思维的过程就是将创意者头脑中既有的概念、观点、事物印象集中到一个方向上,围绕一个目标进行信息元素的组合。在具体过程中,保持一个专一的目标并非易事,它需要控制力来抵御形形色色的诱惑,同时还需要对这个目标有强烈的兴趣。这种心理状态可以转化为一种强烈的冲动力和欲望,使前进者不知疲倦,不觉艰辛,虽苦亦乐。只有这样,创意者才能持之以恒,向着一个既定的目标思考下去,最终才有可能得到与众不同的智慧成果。

(二)积极的想象

有一个“小木桩拴大象”的现代寓言故事,说的是小木桩是拴不住大象的,但从小就被拴在大石柱上的大象,经过多次挣脱失败后,即使再被拴到小木桩上,也永远不再尝试挣脱了。我们人类又何尝不是如此呢?其实,创意思维不是少数人的专利,而为大多数人所拥有。创意思维的一个重要特征就是能积极地想象、大胆地想象,凭借想象进行预见、设想,达到一个全新的思维境界。

(三)强烈的求异心理

从本质上讲,创意思维是一种求异思维,它对大多数人习以为常的认识进行分析、反思,对大多数人熟视无睹的现象进行重新释义。它以怀疑的眼光审视环境,以批判的态度看待世界,在分析和反思中重整人的认知内容,在分析和批判中探索世界本来的规律性。理性的求异心理可使人们从另一视角来观察研究对象。人们会在这种异向的观察过程中发现意外的现象和全新的线索,由表及里,深追穷究,就会产生别人想不到的奇思妙想。

综上所述,创意思维是一种具有开放性、创新性的高级思维形式,创意活动是知识经济时代的主导性活动。知识多的人不一定善于创新,而不善于思考的人很难有创意。因此,认识、把握和提高创意思维能力是产生新创意的关键。人们运用创意思维提出一个又一个新观念,形成一个又一个新理论,进行一次又一次新的发明创造,不断地丰富着人类的知识宝库,促进了经济的发展、社会的进步和人的全面发展。创意思维是一种综合性思维,是人类思维的高级形式,是创新能力的核心。而创意思维的产物就是创意成果,是一种无形的精神产品。将创意成果转化为社会实践和服务,变成现实的生产力,完成价值转换,就形成了创意经济。

第三节　创意思维的开发

要获得成功的创意,必须注意掌握正确的创意开发方法。只要在创意实践中充分运用这些方法,一定会有新颖的创意产生。

一、类比思维

类比创意开发法就是选择两个对象或事物(同类或异类),对它们的某些相同或相似性进行考察比较。这是富有创造性的创意技法,有利于人们自我突破,其核心是异中求同或同中求异,从而产生新知,得到创造性成果。

类比创意开发法的关键点是通过对已知事物与未知事物之间的比

较，从已知事物的属性推测出未知事物也具有某种类似属性。一般情况下，类比对象应选择常见的、生动的、直观的事物，这样比较容易进行类比。有时候，需要靠联想思维把表面看来毫不相干的事物联系起来，对两者进行分析、比较，从中找出共同的属性，然后进行类比推理，得出创新的思路。

成功运用类比创意开发法的关键在于有很强的联想能力，否则就无法在已知和未知之间找到联系，更谈不上类比了。因此，训练联想乃至想象能力是掌握并使用这种方法的基础。联想能力越强的人，就越容易在两类相距很远的事物之间建立联系和类比关系，也就越容易得到突破性的创意和解决思路。

（一）直接类比

直接类比就是从自然界或者人为成果中直接寻找出与创意对象相类似的东西或事物，进行类比创意。建于大海之上的悉尼歌剧院，因外观和结构独具匠心，并与周边环境融为一体，成为世界建筑中的一朵奇葩。其成功之处，就是运用了直接类比。

澳大利亚悉尼歌剧院是 20 世纪全世界公认的七大建筑奇迹之一。这个濒临水面的巨大的“白色壳片群”，既像海面上的船帆，又如一簇簇盛开的花朵，在蓝天、碧海、绿树的衬映下，婀娜多姿，轻盈皎洁。

悉尼歌剧院始建于 20 世纪 50 年代。1954 年 12 月 30 日，澳大利亚新南威尔士州政府做出了一项决定，成立一个五人委员会负责筹建歌剧院。1955 年 9 月，新南威尔士州总理卜希尔宣布举行一次世界范围的歌剧院建筑设计比赛。美国、法国、英国、丹麦、日本等 32 个国家的 233 位建筑设计师参与了这次竞赛。最后，38 岁的丹麦建筑师乌拉松的设计被选中。

规划中要求悉尼歌剧院建在海边，既可以延伸入大海中，又不破坏水域环境，还要与海域周围的自然环境相协调。乌拉松经过反复思考，也没找到一个合适的设计方案。有一天，乌拉松与家人一起吃早餐时，被盘中切成一块块、围成一圈的橙子所吸引，突发灵感，产生了一个独特创意。按照这个创意所设计的悉尼歌剧院，造型新颖独特，雄伟瑰丽，外形犹如一组扬帆出海的船队，又像一枚枚屹立在海滩上的洁白贝壳，与周围的景色浑然一体。

直接类比在两种事物之间直接建立联系，是一种最简单的类比。类比的关系既可以从已知事物指向未知事物，也可以从未知事物指向已知事物。比如，鲁班从草叶的边缘可以割破手指这一已知事物出发，联想到如何截断木材的难题，从而产生“锯”这一创意。这就是从已知事物指向未知事物。而现实中常常是先出现问题再寻找答案，就是从未知事物指向已知事物。

使用这种直接类比方法，通常可以从自然界中找到某种启示，“师法自然”是一个不错的主意。例如，模仿海豚的皮肤，以减少潜水艇及游泳运动员在水中受到的阻力，就是一个生动的仿生研究的例子。

(二)因果类比

这是一种从已知事物的因果关系同未知事物的因果关系的某种类似之处，寻求未知事物和创意的思考方法。运用因果类比，可根据一个事物的因果关系推测出另一事物的因果关系。例如，在合成树脂中加入发泡剂，能得到质轻，隔热、隔音性能良好的泡沫塑料。于是有人就运用因果类比的方法，想到在水泥中加入一种发泡剂，发明了既质轻又隔热、隔音的气泡混凝土。再如，信天翁因为翼展很长，可以连续飞行数月。运用因果类比很自然地就会想到，如果把机翼做长，飞机是否也可以连续飞行很长的距离，而不必开动发动机呢？研制远距离侦察的 U-2 型无人飞机的创意由此而来。

浙江一家机械厂为甘肃一家食品厂安装蛋卷机，几经调试，发现机器轧出的蛋卷总是会碎裂。经过检查，发现机器本身没有什么毛病。那么蛋卷为什么会碎裂呢？后来技术人员发现在甘肃晒的衣服很快就可以干，这说明甘肃的空气相比浙江的空气要干燥很多。进而，技术人员想起了丝绸厂为了避免断丝，会喷洒水汽，保持车间的湿度，那么能不能在生产蛋卷的车间里也喷洒一些水汽来保持湿度呢？技术人员尝试了这种简单的方法，结果取得了成功。机械厂的技术人员正是在丝绸厂的断丝情况和食品厂的蛋卷碎裂情况之间运用了因果类比，从而解决了问题。

(三)幻想类比

这种类比也称“荒诞类比”,是以弗洛伊德的理论为基础,认为最荒诞的创造性思维是与愿望紧密联系在一起的。荒诞类比是用超现实的理想、梦幻或完美的事物类比创意对象的创造性思维。

人们普遍认为,艺术家利用幻想类比机制较简单,而科技工作者利用它则较困难,因为后者常受“已知”的世界秩序和形式逻辑的束缚,易屈服于传统思维的习惯,闲置幻想羽翼。美国著名的广告创意指导戈登认为,科技工作者“应当而且必须给予自己和艺术家同样的自由,他必须恰当地想象关于问题的最好(幻想)解法,而暂时忽视由他的解法的结论所确定的定律。只有以这种方式,他才能构造出理想的图像”。年轻的爱因斯坦构思相对论时曾想:如果以光速追逐一条光线运动,会发生什么情况呢?这条光线就会像一个在空间震荡着而停滞不前的电磁场。正是幻想类比,打开了相对论的大门。另外,科学中的“理想实验”,都包含着许多幻想类比因素;甚至,古今中外许多先进的思想家所描述的关于人类社会的种种“理想模式”,也包含着许多幻想类比因素。

(四)拟人类比

拟人类比就是将创意对象“拟人化”,在解决问题时,设法将自己与该问题的要素等同起来,进行类比,从而得到有益的启迪办法,也称亲身类比、自身类比或人格类比。拟人类比的关键点就是想象自己是问题中的一个角色,使自己与创意对象的某种要素相同、一致,使自我进入“角色”,使自己经历的过程同探索的过程产生共鸣。著名的薄壳建筑——罗马体育馆的设计,就是一个优秀例证。设计师将体育馆的屋顶与人的头盖骨的结构、性能进行了类比:头盖骨由数块骨片组成,形薄、体轻,但却极坚固,那么,体育馆的屋顶是否可借用头盖骨的结构呢?这个创意获得了巨大的成功。再如设计机械装置时,常把机械看作是人体的一部分,进行拟人类比,从而获得意外的成效。如挖土机的设计就是模仿人的手臂动作,它向前伸出的主杆,如人的胳膊可以上下左右自由转动。挖土时,挖土机的铁爪像人的手指一样插入土中,再合拢、抬起,移至卸土处,松开机械“手”,让泥土落下。

同样，拟人类比在企业管理中的应用也十分有效。例如，为了改善企业内部人际关系，人们常常采用“角色扮演”的办法，设身处地地体会对方的心情，也可以说是扮演角色来体察事物的反应。利用拟人类比这种技巧可以调动人们的情感，获得对问题的深入理解，或获得解决问题的创意。

通过拟人类比这种创意构思方法，能够让自己从原来的思维框框中跳出来，以一种不同于先前的分析思路思考问题，激发创意。

(五)综合类比

当已知事物与未知事物内部各要素关系十分复杂，而两者又有可比的相似之处时，就可以综合它们相似的特征进行类比。例如，通过对人脑与电脑的综合类比，可以为改进电脑提供有价值的思路。人脑处理信息的方式是并行方式，这激发科学家产生了“电脑是否也可以采用并行方式处理信息”的念头，由此研制出运算速度达每秒数万亿次的大型并行数字计算机；人脑的工作方式采用的是模糊逻辑，这激发科学家产生“电脑能否也可以采用模糊逻辑”的疑问，由此研制成了模糊计算机，并达到了实用化水平。

(六)结构类比

这是指由未知事物与已知事物在结构上的某些相似处，来推断未知事物也具有某种属性的方法。如把经济运行结构与城市交通运行结构加以类比，就可以由红绿灯与车辆的关系推知计划与市场的关系。如果交通警察不能用交通信号灯对马路上的车辆进行宏观调控，整个交通秩序就会乱作一团。同样，如果国家不能通过宏观计划对经济结构进行宏观调控，而任凭各种产业按市场所需盲目发展，整个国民经济就会陷入混乱。同理，有些城市通过无线电台随时向路上的司机通报最拥挤的路段或发生事故的路段，可以减少塞车现象；而在经济活动中，国家的相关职能部门随时向社会和厂家公布各个行业的发展状况，可最低限度地减少滞销产品，避免重复建设。

二、移植思维

移植创意开发法，是指将某一领域的技术、方法、原理或构思移植到另一领域,从而产生新事物、新观念、新创意的构思方法。德国地质学家魏格纳提出“大陆漂移”学说,运用的就是移植创意开发法。魏格纳在生病期间,经常对着病房里的地图出神。实在无聊时,魏格纳就站起来,用食指沿着地图上的线条描画各大陆的海岸线,借此消磨时光。他画完了南美洲,又画非洲;画完了大洋洲,又画南极洲。突然,他的手指慢了下来,停在地图上南美洲巴西的一块突出部分,眼睛却盯住非洲西岸成直角凹进的几内亚湾。当他发现这两者的形状竟是如此吻合时,精神大振,“难道这是真的?”他站在地图前,仔细端详美洲、非洲大陆外形上的特点。果然,巴西东海岸每一个突出的部分,都能在非洲西海岸找到相似的形状;同时,巴西的每一个海湾形状,也能在非洲找到相应的突出部分。兴奋至极的魏格纳一口气将地图上的所有的陆地一块一块进行比较,结果发现,从海岸线的相似形状上看,地球上的所有大陆都能够较好地吻合在一起。于是,这位病中的年轻人的脑海里形成了一个惊人的想法:在上古时代,地球上所有的陆地都是连在一起的,即只有一块巨大的大陆板块。后来因为大陆不断漂移,才分成今天的各个大陆,因而它们的海岸线惊人地吻合。

后来,有一件事更证实了他的这种观点。一位叫密卡尔逊的生物学家调查了蚯蚓在地球上的分布情况后发现,美国东海岸与欧洲西海岸同纬度地区有同样的一种蚯蚓,但在美国西海岸却没有这种蚯蚓。他无法回答这究竟是为什么。密卡尔逊提出的这个问题,引起了魏格纳的关注。他认为,蚯蚓的活动范围很有限,无法横跨大洋;蚯蚓的这种分布情况揭示了这样一个秘密:欧洲大陆与美洲大陆本来是连在一起的,后来因地质运动,才裂开,分为两个洲。他把蚯蚓的地理分布作为例证之一,写进了他的《大陆和海洋的起源》一书。

移植创意开发法作为一种很有用的创造性思维技法,在科学发展史中占有重要的地位。大多数已有的发明、发现都可应用于其他领域。一般而言,移植创意开发法有以下几种类型。

(一)原理性移植

原理性移植是把科学原理或技术原理移植到某一新领域的方法。例如，反馈原理最早应用在电子线路中，但把这一原理移植到生物、机器等领域后，便创立了适合一般系统的控制原理。

（二）功能性移植

功能性移植是指把某一种技术所具有的独特功能以某种形式移植到另一领域的方法。例如，超导技术具有增强磁场、增大电流而不产生热耗的独特功能，将超导技术的这种功能移植到计算机领域，研制出无功耗的超导计算机；移植到交通领域，研制出磁悬浮列车；移植到航海领域，研制成超导轮船；移植到医疗领域，研制成高性能的核磁共振扫描仪等。

（三）方法性移植

方法性移植是指把某一领域的技术方法有意识地移植到另一领域而形成创造的方法。例如，20 世纪 60 年代中期，美国一位数学家把经典数学、统计理论的研究方法移植到对模糊现象的研究中，由此创立了一门新的数学分支——模糊数学。

（四）结构性移植

结构性移植是指把某一领域的独特结构移植到另一领域而形成具有新结构的事物的方法。例如，蜂窝的结构耗材很少，但强度却相当高，把蜂窝的结构移植到建筑上，可制造出形状如同蜂窝的砖，使用这样的建材可以减轻墙体重量，同时还具有隔音、保暖的好处。

（五）材料移植

材料移植是指通过材料的替换达到改变性能、降低成本的目的的方法。例如，随着现代科技的发展，人们发现陶瓷材料的应用价值越来越高，用陶瓷制造暖风机，耗电量只有普通空调的 1/3。所以说，材料的移植将会产生新的功能和使用价值。

三、模仿思维

贝多芬是德国作曲家，维也纳古典乐派的代表人物之一，对近代西洋音乐的发展有着深远影响。他的主要作品有九部交响曲、歌剧《费德里奥》等，交响曲中以《英雄交响曲》《命运交响曲》《田园交响曲》《合唱交响曲》最为著名。但你知道他的不朽作品是怎样创作出来的吗？他是在继承海顿、莫扎特的风格，吸取法国大革命时期的音乐成果，集古典派的大成的基础上，进行创意创作出来的。特别是《合唱交响曲》中的第四乐章《欢乐颂》的合唱，则是在模仿法国作曲家卡比尼创作的歌曲的基础上创作而成的。贝多芬在这里的模仿表现为三个方面：

第一是思想模仿。贝多芬生活在德国，通过康德、席勒等人，他了解了卢梭的法国共和思想，并对其非常崇敬和向往，所以在他的《合唱交响曲》中充分体现出了这种共和思想。

第二是音乐风格模仿。贝多芬在《合唱交响曲》的作曲过程中，收集了大量卡比尼及与其风格相近的法国其他音乐家的作品，并将他们的风格渗入到自己的作品中。

第三是作曲模仿。贝多芬在创作《合唱交响曲》第四乐章《欢乐颂》的合唱时，模仿了卡比尼的作曲技法，这可以从曲谱比较中寻找出痕迹。

模仿创意开发法在创意开发中拥有重要的地位，甚至有人说“所有的创造都是从模仿开始的”。

在创意开发实践过程中，模仿一般从下面几种途径着手：

(一)原理性模仿

这是按照已知事物的运作原理来构成新事物的运行机制的方法。

(二)功能性模仿

这是指从某一功能的要求出发来模仿类似的已知事物的方法。比如，从方便、小巧的功能特征来看，既然有了傻瓜相机，为什么不可以有傻瓜汽车、傻瓜计算机呢？事实上，全智能化操作的汽车、计算机正处于研制阶段。

(三)结构性模仿

这是指从结构上模仿已有事物的结构特点并为己所用的方法。例如，近年来在城市中出现的一种双层结构的公交车，方便舒适、载客多，其构思来自对双层居室的模仿。这是任何人都会的最简单的模仿。

(四)形态性模仿

这是指对已知事物的形状或物态进行模仿而形成新事物的方法。例如,军人穿的迷彩服就是对大自然色彩的模仿;淋浴喷头中喷出的水柱是对下雨的模仿;而人造喷泉、微型盆栽,甚至影视中的拟音,都可以说是形态性的模拟创造。

(五)综合性模仿

这是一种全面的、系统的模仿。最典型的例子就是近年美国建造的生物圈1号实验室,它是一个独立于自然而又与自然环境相仿的生态系统。在占地3英亩的巨大玻璃罩下,有微型的海洋、沙漠、草原、沼泽地、农田、热带雨林及各种动植物,还有8名靠这个系统提供的食物和空气生活、工作的科学家。尽管这个实验的最初结果并不理想,但它的确是一个大胆的综合性的模仿创造。

(六)仿生性模仿

仿生性模仿应用十分广泛,有许多人造物品都是利用仿生原理制造的。如能爬楼梯的小车,是模仿人上楼时双腿的活动方式发明的;人造革、人造皮毛、人工心脏瓣膜等都是技术性仿生创造的产物;许多动物都能通过控制眼睑缝隙的大小来调整光通量以适应环境,于是有人发明了可调节亮度的百叶式窗帘,简称百叶窗;许多动物感知、接受外界信息的能力比人强,如狗具有灵敏的嗅觉,鹰具有极强的视觉,而蝴蝶和蝎子可以看见紫外光,利用信息仿生,人们发明了"电子警犬",其灵敏度甚至是狗鼻子的1000倍以上,而雷达成像技术更是鹰的视觉无法企及的;通过发酵工程技术生产柠檬酸、乳酸及氨基酸等化工产品,实际上也是模仿自然界微生物发酵过程的结果。

四、组合思维

组合创意开发法是应用范围很广的一类创意构思技法。据统计,约60%—70%的现代技术成果都是通过组合创意开发法得到的。组合的最基本要求是各组成要素间必须建立某种关系,成为一个系统整体,否则只能成为胡乱拼凑的混合物。由于组合创新技法是在一定的整体目的下利用现成的技术成果,因而往往并不需要高深的理论或开发专门的高级技术。如X射线装置和电子计算机都是已有的成果,但把它们组合在一起后，产生的CT有了新的特殊功能，能诊断脑内疾病和体内癌变。这是组合创意开发法的一个典型应用。

(一)材料组合

如在航空航天领域颇有应用前景的复合材料，就是典型的材料组合的产物。这是一种通过适当的复合方法，如焊接、热轧、涂层、化学积淀或浸渍等，把金属、塑料、橡胶、树脂、石墨、陶瓷等材料组合在一起的材料，它具有各组成元素的综合性能。

(二)功能组合

商店里出售的各种多功能产品都是这类功能组合创意所开发的产物。例如，"多用电工镊子"就属于这类，它兼有镊、钩、刮、安装和拆卸螺钉等功能。还有人发明了集缝纫、三线锁边、四线连缝连锁三种功能于一体的组合缝纫机，它是在不改变现有缝纫机零件的基础上，加装整套三线锁边、四线连缝连锁机件而成的。这种组合缝纫机三种功能互不干扰，使用非常方便。

(三)方法组合

比如，为提高洗衣机的洗涤效率，可以将各种洗涤方法同时组合在一起，如冲刷方法、揉搓方法、挤压方法、喷淋方法等。

(四)技术组合

例如，北大方正的激光照排出版系统就是计算机技术、激光成像原理及印刷出版技术的多元技术组合。

(五)结构组合

在生物工程技术中已经达到实用化水平的细胞融合技术，采用的就是典型的结构组合创意开发法。这是一种人为地使两种不同类型的生物细胞直接结合在一起，而产生能够同时表达二者有益性状的杂种细胞的技术。再如，钢筋混凝土组合结构是在钢结构和钢筋混凝土结构基础上研制而成的一种新型结构，它与钢筋混凝土结构相比，具有减轻自重，减少构件截面尺寸，增加有效使用空间，节省模板，缩短施工周期的优点；与钢结构相比，具有减少用钢量，提高结构稳定性，增强抗火性和耐久性的优点。实践表明，这种组合结构兼有混凝土结构和钢结构的优点，具有很高的经济效益和社会效益。

五、逆向思维

逆向思维开发法是一种与原有事物、思维唱反调的思维方法。发明家法拉第是运用逆向思维的高手。丹麦人奥斯特发现导线上通电流会使附近的磁针偏转，法拉第由此想到磁铁也能使通电导线移动，于是他发明了电动机。后来法拉第又想到，电能生磁，反过来如何呢？他立刻做实验，终于发现磁也能生电，这一发现促成了发电机的诞生。法拉第两次“反过来试试看”，使大规模生产和利用电能成为可能，引发了第三次产业革命。

逆向思维的优点在于一般人掌握这种技法并不困难。当然，这种反其道而行之的思维方法，其结果不一定总是可行的，但它至少可以帮助我们迅速摆脱思维过程中的困境。当我们按照常规思维去解决问题而没有成效时，不妨用逆向思维法试一试，说不定在某些情况下会获得意想不到的效果。应用逆向思维法取得成功的事例极多，主要表现在以下几个方面。

（一）原理的逆向

原理的逆向即逆向思考理论、传统、常规。一般来说，原理、理论是正确的，但也不是没有疏漏的。通过逆向思考，往往会发现新问题，可以充实和发展理论，这在自然科学领域里是常有的事。

例如，在《三国演义》里，马谡失街亭后，司马懿大兵压境，诸葛亮在前有敌兵、后无退路的紧要关头，来了个逆向思维，布疑阵唱起了“空城计”。司马懿用常规思维判断城内“必有埋伏”，不敢攻城，乖乖地退兵了。可以说，正是对常规的逆向思维救了诸葛亮。

（二）结构的逆向

任何产品都有其特有的结构。通过改革结构，人们甚至开发出一种与传统轮胎的结构完全相反的新型轮胎：无内外胎之分，不充气、实心，轮胎的橡胶间密布着极小的气泡，使轮胎既保持了一定的弹性和承受力，又克服了传统轮胎易被钉子扎破、需要充气等缺点，受到了用户的欢迎。

(三)次序的逆向

改变系统内部要素排列的次序,往往会引起事物功能、效率的变化。例如,20世纪50年代初,我国提倡学习苏联,国民经济按"重工业、农业、轻工业"次序排列,导致了国民经济发展的失衡;后来,在国民经济调整中,把"重"由第一位变成第三位,"农"由第二位升到第一位。实践证明,这样的次序逆向是正确的,我国的农业生产持续地向前发展,而苏联由于一直把发展重工业放在第一位,农业长期不受重视,甚至出现了负增长,严重地影响了国计民生。

(四)位置的逆向

位置的逆向是指空间位置上下、左右、前后、里外的变换或逆向。位置的逆向在产品改革中应用得相当广泛。例如,在传统的动物园内,动物被关在笼子里让人观赏。然而有人反过来想,把人关进活动的"笼子"(汽车),不是可以更真实地欣赏动物在大自然中的生活状态吗?于是野生动物园应运而生,人们可以在封闭的交通工具中来观赏大自然原生态景观及野生动物群的生活。

(五)时机的逆向

时机的逆向是在时机的选择上打破常规、突破传统。过去,不少企业喜欢"一窝蜂"式地上项目,人家干什么,自己就跟在后面干什么。从心理上来看,这是从众心理;从思维上来看,这是一种思维定式。大家都"一哄而上",必然人为地加剧了竞争,也人为地破坏了供需的平衡,到头来可能形成大批产品的积压,适得其反。为什么不能独辟蹊径,采取与众不同的思路呢?例如快餐流行后,各地都开了不少快餐店,人们似乎一下子欣赏起"快餐"来。其实不然,有不少人是喜欢"慢"的:谈生意的人喜欢慢慢吃、慢慢谈,边吃边谈;谈恋爱的人喜欢慢慢地品味"情调";年迈的人也不喜欢那么"急匆匆"地吃。因此现在又开始流行了"慢生活",咖啡吧、书吧、农家乐等成为新的消费时尚。

(六)功能的逆向

把某些事物的功能进行逆向,往往会取得更好的效果。例如,吸尘器的发明人赫帕布斯原先发明的是“吹”尘器，结果反把灰尘吹了起来，搞得灰尘满天，引起别人的反感，而灰尘仍然存在，并没有扫除。后来，他把“吹”的功能逆向，变成了“吸”，纸屑、灰尘全被吸进了机内的口袋，这才使吸尘器具有了真正的使用价值。

（七）工艺的逆向

美国汽车大王福特在街上散步时，偶然看到肉铺仓库里的几个工人按次序分工，分别负责切牛的里脊肉、胸肉、头肉等，他的脑海里马上浮现出了一个与此相反的创意：让工人顺次分别装上汽车的种种零部件。由此，福特发明了汽车零部件装配的流水作业线，改变了以前一个工人装配一辆汽车的传统。由于每个工人只负责汽车装配中的一部分工作，操作简单、技术熟练，劳动效率大大提高，而且很少出差错。这一发明奠定了福特公司在汽车行业中的地位。后来，其他汽车厂甚至其他行业纷纷效仿福特公司的这一做法，流水线作业成为现代生产管理中的一个有效手段。可见有时对传统的、常规的工艺流程逆向实施，亦可取得出乎意料的成功。

（八）方法的逆向

对失败方法的逆向也许就意味着成功。我国古代的禹因治水成功而流芳千古。在禹之前，当时的部落联盟首领派禹的父亲去治水，他采用的方法是“堵”——哪里有洪水灾害，就在哪里筑堤坝。但当山洪暴发时，这些堤坝根本无法堵住滔天的洪水，禹的父亲因此被杀。之后部落首领又任命禹去治水。禹汲取了父亲的教训，把“堵”改为“疏”。这是对“堵”的方法的逆向，哪里有洪水就在哪里挖渠道，把洪水疏导出去。禹最终用这个方法取得了成功。

（九）缺点的逆向

这是一种利用事物的缺点，化被动为主动、化不利为有利的创意思维方法。这种方法并不以克服事物缺点为目的，相反，它是将缺点化弊为利，从而找到解决问题的方法。

某时装店的经理不小心将一条高档呢裙烧了一个洞，就算用织补法补救，其价格也得大跌。这位经理突发奇想，干脆在小洞的周围又剪出许多小洞，并精心修饰，将裙子命名为“凤尾裙”。后来，“凤尾裙”销路大开，该时装店也出了名。缺点逆向法带来了可观的经济效益。无跟袜的诞生与“凤尾裙”异曲同工。因为袜跟容易破，商家运用逆向思维，试制成功无跟袜，创造了大好商机。

（十）管理的逆向

经营管理方面的逆向事例更多，逆向往往意味着管理上的一种创新。日本丰田汽车总经理丰田宗一郎曾经说过：“假如我这个人有所成就的话，那是因为我善于倒过来思考。”在生产管理上，一般企业都是“顺抓”的，即由第一道工序顺次抓到最后一道工序。而丰田却别出心裁地“倒抓”，即由最后一道工序反抓到第一道工序，在生产管理中推行时间、品种、数量“三及时”原则，还规定后道工序应向前道工序索要所需的零件。这就使后道工序始终处于主动地位，强化了企业的科学管理。实践证明，这样的“倒过来抓”更有利于实现目标管理，增强了各道工序负责人员的责任感，也使得丰田公司取得了今天这样的显赫成就。

在人力资源管理上也要讲究逆向。“用人之所长”当然是对的，但这只反映了用人的一个方面。人有所长必有所短，采用逆向用人法把“短处”用到恰当的地方，“短”就可以转化为“长”了。唐德宗时有位宰相名叫韩滉，很讲究用人之道。有个故人之子来投奔他，要谋个差事，但此人“文不能书，武不能拳”，可以说是一无所长。后来韩滉发现此人在宴会上总是目不斜视，甚至与邻座也不交谈。凭此一点，韩滉就委派他做“库门监”（掌管仓库大门的小官）。这个人到任以后，从早到晚在库门口正襟危坐，不要说闲人，就连仓库内的小卒也不敢擅自走动，仓库的管理由此得到了加强。

六、立体思维

过去农民一般在鱼塘内只养一个品种的鱼，水域资源得不到充分的利用。后来科技人员指导农民利用各种鱼的不同生活习性，进行立体养殖：鱼塘上层放养鲢鱼，中层放养草鱼，底层放养鲤鱼、鲫鱼；将吃食鱼、滤食鱼、肥水鱼等几种鱼混养在一起，用吃食鱼的排泄物养肥水鱼。在同一口鱼塘里，再养蚌采珍珠，组成一个立体网络。在鱼塘周边种桑养蚕，用蚕粪喂鱼。这是一个应用立体思维的典型案例。

世界上的万事万物都存在于一定的空间和时间之中，在认识和处理事物的过程中，科学合理地充分利用时间和空间，就可大大拓展思维的空间，抓住发展创意经济的时间和机遇。立体思维也是一种系统地、动态地认识事物和改造事物的方法。事物之间存在着相互联系、相互依存的关系，并且在不断运动、发展和变化。因此，我们不能只从平面上思考问题，也不能只停留在一个固定的时间段思考问题，而应从不同时间、不同地点来思考事物发展变化的规律，提出新的创意。

一个大型图书馆往往存书几百万册甚至更多，要使各个时期、各个门类的书籍、报纸、杂志存放得更多，更便于查询，除了存放设备要先进适用外，还要按照图书分类法将书籍等分别上架，醒目标识；再把整个图书存放的情况编成软件，建立计算机信息管理系统，以使图书管理员能在最短的时间内拿到读者要借阅的书籍、报纸、杂志；还要采用一些防霉变、防虫蛀、防火灾的先进实用技术。这就将立体思维方式运用到了图书管理工作中。

七、系统思维

所谓系统创意法就是用控制论、信息论、系统论等方法中整体的、联系的、结构的、功能的、层次的、非线性的观点对某一特定的系统进行分析、归纳、综合，从而求得新创意的方法。

应用系统创意开发法关键是要有系统思维。系统思维的对立面是机械思维、片面思维。机械思维认为，任何事情都大同小异，只要有一个处理方法，就可以随意套用到任何方面，而没有考虑到事物所处的时间、空间和环境的变化；片面思维是一种“只见树木，不见森林”的思维方式。机械思维和片面思维都是独立地、静止地、形而上学地看问题。

系统思维简单来说就是注重系统的整体性、结构性和有序性，对事物进行全面思考，不就事论事。因为任何事物之间都是有联系的，系统思维在解决问题的过程中考虑到事物之间的相互联系，考虑到发展变化的规律，使系统的各元素之间、元素与整体之间达到有机相连、配合协调，从而实现整体的最优目标。

北宋大中祥符元年(1008)2月12日,北宋京城汴梁(今河南省开封市)曾发生一场大火,皇宫的楼台殿阁被烧成一片废墟瓦砾。灾后,真宗皇帝赵恒任命晋国公丁渭为修葺使,主持修复皇宫的工程。建造皇宫需要很多土,丁渭考虑到从营建工地到城外取土距离太远,费工费力,于是便下令将城中街道挖开取土,节省了不少工时;挖了不久,街道变成了大沟,丁渭又命人挖开官堤,引汴水进入大沟之中,然后调来各地竹筏、木船,经这条大沟运送建造皇宫所需的各种物料,十分便利。等到皇宫修建完毕,丁渭命人将大沟中的水排尽,再将旧皇宫的残砖瓦砾以及修建新皇宫的废料填入大沟之中,重整之后又使其变为了街道。这样,丁渭一举三得,挖土、运送物料、处理废弃瓦砾等三件工程一蹴而就,节省了大量人工费。这就是系统创意开发法的成功范例。

战国时期李冰主持修建的都江堰水利工程,由鱼嘴分水堤、飞沙堰、宝瓶口引水口三大主体工程和百丈堤、人字堤等附属工程构成,科学地解决了江水自动分流、自动排沙、控制进水流量等问题,消除了水患,使川西平原成为"水旱从人"的"天府之国"。两千多年来,都江堰一直发挥着防洪灌溉的作用,即使在历次大地震中也没有受损。这一工程不仅是我国历史上变水害为水利的奇迹,也是世界上应用系统思维和方法建成的系统工程的典范。

第三章　创意能力篇

第一节　创意能力概述

一、什么是创意能力

创意能力是指创意者以一定的知识为前提，充分发挥主观能动性，积极调动智力和非智力因素进行创造性思维的能力。也是在实践的基础上，对知识经验进行不同层面的灵活运用的能力。就创意能力是创造性思维能力这一点来说，目前有些心理学家，如吉尔福特等人认为：创造性思维是多种思维的结合表现。它既是发散思维与辐射思维的结合，也是直觉思维与分析思维的结合。它不仅包括理论思维，也离不开创造想象。这样来说，创意能力主要指创造性思维能力，但更倾向于一种综合的能力，它包括一定思维模式和知识经验的综合。创意能力包括：

(一)智能性创意能力

智能性创意能力往往能出奇制胜。创意者利用超常的智慧，能将日常生活中最基本、最简单的素材进行大力组合，从而形成一个创新思维，并将其推向市场。这种智能性的创意能力往往具有极强的前瞻性、新颖性，是独一无二的。智能性创意思维能力并非是先天的，而多由后天有意识地培养和环境因素对创意主体无意识地陶冶而形成。

(二)综合性创意能力

综合性创意能力是一种在对创意环境、创意对象做充分了解的基础上，创意者通过系统、充分的比较、权衡以及对未知创意做可靠的预测之后做出创意的能力。由于创意者已掌握了相当充分的资料，做了周密的准备，所以创意更具有市场占有的长期性。这种创意能力由于需要对创意对象有充分的了解，故对创意者的市场调研力提出了高要求，创意者必须通过具体的考察，以文案或图表形式表示调查结果。由于创意者同时又必须对诸多创意倾向进行系统充分的权衡比较，所以他必须具备冷静思索、坚决果断的决策力。当然综合型创意如果缺乏决策力，就好比巧媳妇难为无米之炊，创意将无从谈起；只讲冷静思索而无决策力，创意也不会真正落到实处。二者的紧密结合才能完美地产生一种较好的综合性创意能力。

（三）灵活性创意能力

灵活性创意能力是适应变化的环境，对原创意做适当的调整或重新组织的一种能力。灵活性是市场对创意的内在要求。创意最终要融入市场，它就必须有市场适应性。市场在不断变化，如果创意还依然如故，那它就走上了绝路，等于是在自寻短见。创意要融入市场，灵活机动性最为重要。当然灵活性创意能力也有一个度的问题。如果对市场的暂时性波动认识不够，就容易手忙脚乱而草木皆兵。反之，如果对市场关键性的转变缺乏敏感，那只能痛失良机，坐以待毙。总之，创意能力的智能性、综合性、灵活性是互相补充，彼此相关的。任何一种特性离开其他特性都难以生存，三者三足鼎立，互为手足。

二、创意能力的要素

创意能力包括观察力、想象力、分析力、预测力等四个要素，根据一定的逻辑关系形成一个创意能力产生、发展、实践的全过程。

（一）观察力

观察力是指创意者对周围的事物进行考察的能力。虽然观察力人人都有，但是人与人之间的观察能力差别很大。比如同一个事物，由于观察者的不同，甲注意到的是其形状、色泽；乙注意到的可能是属性、质地；丙却对这件事物不感兴趣，所以可能对这件事物的特征没一点印象。这三种不同的结果都是观察力的不同使然。而观察力的不同又是以下几种因素引起的：

1.个人兴趣因素

个人兴趣对观察力影响很大。观察主体如果兴趣爱好广泛，那么他在对客体观察时，就会投入极大的热情，观察就会细致到每一个小节，那么他所得的结果也肯定是相当细致而准确的。

2.知识层次

由于观察主体知识层次的差别极大，所以看到同样的东西，得出的结果却是不同的。如同样是一块沉积岩，采石工人认为它只是一块较好的石头而已，他对石头的最大创意莫过于能将其加工成某种形状的石头，以符合使用者的需求标准。而古生物学家则不仅认识到它可以用来做地基的石料，而且可以从岩石的花纹中找出古代水文的状况、三叶虫化石以及蕨齿类植物的化石，进而推导出这块石头的地质年龄以及当时的气候条件、生物活动情况等等。

3.实践经验

实践经验对创意者的观察力产生明显不同的效果。创意主体对社会接触面越广，认识就越深刻。一个缺乏经验的创意者对社会上某些现象容易做出一些不切实际的判断。因为他看到的只是事物的表象。而一个实践经验丰富的创意者则能通过现象看到事物的本质。这对于提出切实可行的创意有极大的帮助。

(二)想象力

我们知道想象力是与感性和理性思维密切相关联的。想象是人对头脑中已有的表象进行加工改造并创造出新形象的过程。想象过程中，已有表象的改组、综合有各种不同的方式。最简单的一种方式是黏合，即把两种事物的品质、特性或部分黏合起来，如美人鱼、猪八戒的形象。其次是夸张和强调，把事物的某一部分或某一特性加以夸张，使它增大、减小，数量增多，色彩加浓等。还有一种就是典型化，把某类事物最典型、最有代表性的特性集中于某一事物的形象上。创意思维中的想象更趋向于典型化，因为它必须集中突出主题，才能吸引市场的注意力，最终得到接受认可。

想象还有一种特殊形式，即幻想。它是创造想象的一个特定范畴。可以分为积极有益的幻想和消极无益的幻想两类。作为一个创意者来说，更应该利用有益幻想。积极的幻想对于创意者是一种极大的推动力。积极的、健康的、有社会意义的幻想也可能超越社会发展的自然进程。正因为创意者能够在他将要开始或刚开始从事某种创意的时候就能在想象中看到自己成就的图景，所以他才有足够的力量和信心进行各种艰苦的劳动，并坚持到底。例如，100 多年前，法国科学幻想小说家儒勒·凡尔纳在他的书中写到的电视、潜水艇、电机、霓虹灯、导弹、坦克等东西，后来都一一实现了。正是这种幻想力使创意者能够成为科学发明和人类思想的先驱。

(三)分析力

分析力是创意者对不同现象进行类比，从而得出比较深刻的规律性的能力。创意者对事物分析时，必须以感性思维为前提。分析过程即是对感性思维进行理性化的过程。在这一过程中，创意者所体现出来的创意能力即创意分析力。

(四)预测力

预测力是创意者对创意适应市场未来态势做长远预测的能力。它包括对创意买方市场的预测，对创意实施阶段的量化预测，对创意实施结果的质化预测。

创意者首先要考虑的是他的创意是否能为市场所接受。如果他的创意被买方市场否决，那么这一创意也就无任何存在的意义，他的劳动也就无任何价值。杞人忧天的例子便是明证。其次，创意者的创意在实施阶段往往带有一定的风险性，但这是创意实施的必由阶段。这就要求创意者对创意实施阶段进行量化预测。最后，对创意结果的质化预测是指创意真正作用市场之后，对创意产生实效后的本质性预测。

第二节　创意能力的培养和提高

创意能力是指通过和运用创意思维获得的创造性能力，是人的一种实践能力。心理学认为，能力是指能胜任某项任务的主观条件，是直接影响活动效率，使活动任务顺利完成的最必需的个性心理特点。

创意能力的培养应当从创意意识和创意技法两方面入手。当然这两者的培养并非一朝一夕之事，而是需要日常积累，到最后厚积薄发。如果前者是从技法方面，而非从心理学方面来培养，不足以达到现实的话，那么，注重右脑的开发则是从生理学上加以提高，以期达到应有的目的。

一、培养创意意识的途径

创意意识是创意者在创意前必备的一种心态，创意者只有具备了一种积极、主动的创意心态，才有可能产生比较前卫的创意。所谓创意意识是创意者受外界事物的激发而产生创意火花前的一种思维酝酿。

从能力的内涵分析，我们可以从下几个方面入手培养和提高创意意识。

(一)创造和优化构思并提出创意的主观条件

在创新教育中加强创新智能和创新人格的培养，使创意者得到智能支撑和人格导向，创造和优化自信心、责任心、创新动力等精神条件，以及想象力、思维力、观察力等智能条件。

(二)培养和开发创造性思维能力，学习和运用创新技法，提高创意活动效率

直接影响创意活动效率的是创造性思维能力和创新技法水平，运用创造教育的有效教学手段和思维技法训练，是可以提高创意活动效率的。

(三)开展创意活动，激励创意行为

开展创意活动，激励创意行为，通过体验创意自我效能感来提升完成活动任务的自信。例如，开展创意大赛、创意征集或命题创意比赛等，并以一定的鼓励方式激励创意行为，使创意者体验到自己具有创意能力的信念和知觉，就能提升完成创意活动任务的自信。事实证明，开展创意活动投入少，容易运作且效果明显。

灵动的、有新意的创意是创新的起点，没有创意就没有创新。创意的价值在于影响人类的活动，当创意实现以后，物质世界就发生了变化，创意能改变世界。

二、提高创意技法的途径

创意水平的高低归根结底取决于创意者创意能力的高低。创意能力是人的创造力的一个方面,要从以下方面进行培养。

(一)加强个性修炼

国内外的大量研究表明,创意能力强的人具有某些突出的个性特征。努力培养自己拥有这些素养,对于取得成功的创意具有非凡的意义。

1.兴趣

兴趣是人们力求认识某一事物或爱好某种活动的一种选择倾向,兴趣是创造的原动力。富有创意开发能力的人,从小就对各种事物充满兴趣,且具有较高的敏感性。发明大王爱迪生的生平传记记载:其创造精神的胚芽似乎是从幼年坐在鸡蛋上模仿母鸡孵小鸡开始生根的,同时,兼做他老师的母亲对儿子这种执着的兴趣精心呵护,终于使这位发明天才成长起来。这说明,兴趣是创造的催化剂。

兴趣影响人们对事情的注意、选择和态度。好奇心较强的人也是易于对人和事产生兴趣的人。好奇心强,才能萌发想象力和创造意识;感兴趣,才能使这种想象力和创造性持续下去,进而导致创意活动的展开,获得成功的创意。兴趣不仅会影响一个人的工作态度,影响他对问题的钻研,甚至会影响他的敏感性。一个人对其所从事的活动的兴趣越浓厚,事业心就越强,就越能排除一切干扰,全身心地投入到创造性的活动中去。广泛的兴趣可以使人博采众长、见多识广,使人善于在复杂的形势和关系中随机应变、立于不败之地;同时,还能团结不同特点的公众,创造一种和谐、愉快的气氛,以顺利开展工作。

2.勇敢

勇敢是创造力个性中最重要的特征。马克思曾说过:“在科学的入口处,正像在地狱的入口处一样,必须提出这样的要求——这里必须根绝一切犹豫,这里任何怯懦都无济于事,只有勇敢者才能进入科学的殿堂。”勇敢之所以比其他特征重要,是因为任何才干离开了勇敢,就不能上升到创造性的水平。对公认的东西表示怀疑,除旧布新,需要勇敢;善于想象,提出似乎不可能实现的目标，然后努力去实现它，需要勇敢；不怕自己的见解同大多数人对立甚至冲突，也需要勇敢。普希金说："做勇敢的人吧，勇于扫视广阔的视野，创造性思想也就随之而来。"这种"思想上的大无畏"精神能使人冲破传统的束缚，头脑清醒地审视和评价一切事件，引出正确的结论，最终得到出乎意外、异乎寻常的成果。因此可以说，没有勇敢精神，人类就没有创造。

3. 执着

具有进取精神的人虽然心志高远、锐意进取，但并不是好高骛远。他们对自己的奋斗目标非常清楚，执着地追求自己的目标。而好高骛远的人往往没有目标意识。有一则相关的故事让人回味无穷。

有一天，老李要在客厅里挂一幅画，请邻居老王来帮忙。画在墙上的位置找好了，正准备钉钉子，老王说："这样不好看，最好钉两个木块，把画挂上面。"老李听从了他的意见，让他帮着去找木块。木块很快找到了，正要钉，老王说："等一等，木块有点大，最好能锯掉点。"于是他四处找锯子。找到锯子还没锯两下，老王说："不行，这锯子太钝了，得磨一磨。"老王把家里的锉刀拿来后，又发现锉刀没有把。为了给锉刀安把，他又去校园边上的一个灌木丛中寻找小树；要砍下树，他又发现那把生满铁锈的斧头实在不能用；他又找来磨刀石，可为了固定住磨刀石，必须得制作几根固定磨刀石的木条。为此，他又到校外去找一位木匠，说木匠家有现成的。这一走，就再也没见他回来。当然，那幅画，老李还是一边一个钉子把它钉在了墙上。当天下午，老李再见到热心的邻居老王时，是在街上了，他看到老王正在帮木匠从五金商店里往外运一台笨重的电锯。

工作和生活中有很多"走不回来"的人，他们认为要做好这件事，就必须先去做前一件事。他们逆流而上，寻根探底，直到把最初的目标忘得一干二净。这种人尽管忙忙碌碌，一副很辛勤的样子，但终其一生也不会有什么成果。在创造活动中，要防止这种"走不回来"的现象。创造是一种有目的的实践活动。创意开发者一定要有目标意识，在行动中必须朝着一个明确的目标前进。问题在哪里？什么是问题的实质？如何解决这个问题？如果连这些基本问题都没搞清楚，势必会像故事中那位帮忙的邻居一样，辛辛苦苦去做些与目标毫不相干的事情。

4. 自信

自信是取得事业成功的基石,一个创意者只有相信自己的能力和力量,才会敢于竞争,敢于拼搏,敢于追求卓越。当取得成就时,我们中国人出于谦虚,往往说“我不行”“还差得很远”。而美国人却往往非常自信,认为自己是世上独一无二的,所做的事是最好的。正如著名学者卡耐基所说:“你应庆幸自己是世上独一无二的。”法国哲学家卢梭也曾说过:“自信心对事业简直是奇迹,有了它,你的才智可以取之不尽,用之不竭。一个没有自信心的人,无论他有多大才能,也不会有成功的机会。”可见,对于创意来说,培养自信心是十分重要的。具有较高创造能力的人往往抱有很强的自信心。自信心不仅是个性心理的重要组成部分,更是创造力中不可缺少的心理品质之一。它往往在集体创意开发活动中表现出来。只有自信的人才敢于怀疑,敢于创新。教育心理学家肯尼思·哈伍德比较了创造成果高低不同的两组年轻的科学家,结果发现前一组表现出相当高的自信和对抗“社会压力”的能力;后一组一直试图在周围人中树立良好的形象,表现出的自信水平相对较低。

日本有所著名的企业家预备学校,其中有门课程,就是让学员早晨在东京繁华的大街上跑步,并在众目睽睽之下高呼口号:“我们是世界第一!”据说,经过这种训练,好多企业都取得了某个领域“世界第一”的成绩。

在古希腊阿波罗神庙的墙上,刻着一句千古名言:“认识你自己!”要认识自己,就要相信自己,对自己有信心。在创意开发者的精神世界里,不能没有自信。

5. 进取

锐意进取的人很容易发展成为创造性人才,或者说,创意开发者的人格因素中,应当包括进取精神。这种精神往往通过狂放、自信、目标意识等素质特征表现出来。具有某种“狂”劲的人,往往喜欢选择一般人认为高不可攀的目标,而且不怕他人的怀疑和讥讽,不怕难以想象的环境压力与艰辛道路,能够朝着选定的目标挺进。许多创造实例表明,进取精神乃是创造的催化剂。没有向创造领域挺进和立志取得新成果的精神支持,人们不可能有克服创造障碍的精神能量,更谈不上有获得高水平创造成果的可能。

6. 好奇心

爱因斯坦说:“我没有特殊的天赋,我只是有强烈的好奇心。谁要是体验不到它,谁要是不再有好奇心,也不再有惊讶的感觉,他无异于行尸走肉,他的眼光是模糊不清的。”好奇心像是探照灯的光柱,它永远把探索的光芒投向创造的未来。一个人对自然界和社会上各种事物的好奇心越强烈,探索的光芒就越亮,一切奥秘乃至奇迹都会暴露在好奇心的开阔视野之内。相反,一个人如果墨守成规,对周围的事物习以为常、熟视无睹,那么他的探索范围将会十分有限。他会什么都发现不了,甚至连创造的机遇碰在鼻尖上,也不知是什么东西。

好奇心与怀疑精神有着密切的关系。一般来说,当人们寻求真理的好奇心受到传统习俗或传统科学的压制时,好奇心就会马上转化为怀疑精神。古人云:“学贵知疑,小疑则小进,大疑则大进。”建立在仔细观察和深刻思考基础上的怀疑精神,是对好奇心的进一步推进。这种怀疑精神愈深刻,愈有力,对所探索的目标就会愈清楚。好奇心与怀疑精神可以帮助人们在创造领域内搜索有意义的目标,并勾画新事物的因果关系网。但这并不意味着它们一定会创造出奇迹,因为提出问题并不等于解决问题。提出问题只是在满河坚冰上打个窟窿,而解决问题犹如破冰远航,需要克服无数的艰难险阻,才能到达创造的彼岸。

7. 独立性

独立性是探究精神的一个必要条件。总想依靠他人的能力进行创意开发的人,往往一事无成。富有创造力的人往往具有很强的独立性。他们喜欢自己选定课题,而不太喜欢接受别人的安排和支配;他们有较强的自我决断力,选定目标后就会付诸行动,很少会后悔或犹豫不决。

爱因斯坦就具有极强的独立性。他很早就为自己定下了两条与众不同的要求:第一,无论什么原则对自己而言都不存在;第二,不被任何人的意见或建议所支配。他那深奥的相对论也许就是在这种无拘无束的思索空间里产生出来的。当然,这里所说的独立性并不是指一味地追求标新立异,也不是指炫耀自己,而是强调独创性及思考能力。

8. 冒险精神

想要产生成功的创意,不仅需要把握机会,还要具备谨慎的冒险精神，用俗话说就是“胆大心细”。创意开发活动是一种机会与风险并存的实践，只想抓住机遇而不敢冒险的人是很难成功的；相反，敢于接受挑战的冒险者才有可能创造奇迹，从而出类拔萃。

冒险是具有高度创意能力的人的一项极为重要的素质，冒险精神是决定你释放创意、获得快乐的关键。没有什么比退缩更能抹杀创意。由于变化的速度太快，我们没有太多时间仔细研究，因此只有冒险才可能获得更多成功的机会。对于普通人而言，冒险意味着赌博，意味着远离安全，有着难以克服的心理障碍，但创造恰恰意味着要冒险。

9. 意志力

意志力是克服困难以实现预定目标的一种心理素质，它与自信心是相辅相成的。自信心会培养出坚强的意志，坚强的意志又会强化自信。创意工作是开拓性、创造性的工作，必然伴随着一系列困难。要想获得成功，必须磨炼自己百折不挠、勇往直前的韧劲，在困难、挫折、枯燥、孤寂面前毫无惧色，勇于战斗，才能最终完成艰巨而复杂的任务。郑板桥的诗“咬定青山不放松，立根原在破岩中。千磨万击还坚劲，任尔东西南北风”正是对坚强意志最形象的描述。创意者若意志薄弱，知难而退或任凭感情支配行动，是不会成功的。意志坚强的表现就是有毅力和有恒心，这也是不少科学家的宝贵素质，因为不论是对自然科学的研究还是对社会科学的研究，没有坚忍的毅力和恒心是难以取得成功的。爱迪生发明电灯，仅为寻找合适的灯丝，前后对 6000 多种材料进行了试验。灯丝仅是灯泡的许许多多零件中的一个，电灯又只是他一生中 1328 项发明中的一项，他一生中经历的失败有谁能数得清呢？过人的毅力是创意的基础，因为在创意成功之前会有无数次意想不到的尝试、失败，再尝试、再失败的过程，这是考验一个人毅力的重要过程，同样也是通往成功的必经之路。

(二)强化知识素质

创意工作是一项在现代科学技术指导下的有意识的复杂活动，是一项科学性和艺术性相结合的工作。要胜任这项工作，仅凭经验和热情是远远不够的，必须具备扎实的科学基础和丰富的知识素养。创意活动讲究厚积薄发，没有全面的知识储备是很难有好的创意的。创意者要具备多方面的基础知识。

1. 哲学

哲学不是一般的知识，它是世界观、人生观和方法论。从这个意义上说，哲学就是人的思维和行动的“能力学”。作为人生观，它是积极人生、乐观人生的阳光雨露；作为方法论，它是磨砺人类思维的巨石。创意者要想提高自己的创意能力，必须用哲学方法优化自己的知识结构，因为许多创意都是在哲理和现实人生的结合点上迸发出来的。

2. 历史

马克思、恩格斯曾说：“我们仅仅知道一门唯一的科学，即历史科学。”可见历史知识的重要性。学好历史知识可以使创意者具备公民意识和素质，具备世界性眼光，具备创新能力。没有历史，人就会变得单薄；不懂历史，人将永远是一个孩子。一个好的创意者不单要有深厚的文化底蕴，更要有在历史的足迹中寻找创新的能力。

3. 文艺理论和美学理论

创意产业离不开文化，没有文化的创意走不远。因此，创意及创造没有文艺理论和美学理论的基础知识是不行的。

4. 创造学知识

创造学是研究人类创造发明活动规律的科学。因为创造发明是人类最高级、最活跃、最复杂的活动，也是最有意义的一种实践活动，其实质是人类追求新的有价值的功能系统。

在知识爆炸的年代，有关创造学知识的广泛应用，对任何一个实践领域都具有现实意义，对任何一个创意者来说都是不可缺少的。创造学已经发展并衍生出许多分支领域，大体可归纳为三类：

一是创造科学——研究创造活动，揭示创造活动和创造过程的客观规律，是对创造学的基础理论研究。

二是创造性科学——研究人的创造性，开发人的创造性，培养、造就创造性人才，并为其提供理论依据。

三是创造工程——研究各种创造发明方法，促进创造发明效率的提高。它是创造学中最富有应用性的一个领域。当今的时代是创造的时代，一个人如果没有创造力，就会忙忙碌碌一辈子而没有成就；一个企业如果没有创造力，就不能开发出适销对路的新产品，就会在商品竞争中失去竞争力；一个国家、一个民族如果没有创造力，就很难繁荣，甚至会危及自身的生存。为了提高创意能力，创意者必须重视创造学原理的学习。

此外，还要重视经济学、营销学、公共关系学、社会学等方面知识的学习。创意者知识越牢固、知识面越宽，创意思维就会越活跃。

(三)强化心理素质

心理素质是人的整体素质的组成部分。一个人的心理素质是在先天素质的基础上，经过后天环境与教育的影响而逐步形成的。心理是人的生理结构，特别是大脑结构的特殊机能，是对客观现实的反映。心理素质具有人类素质的一般特点，但也有自身的特殊性。创意者强化心理素质应注重以下几个方面：

1.有很强的直觉

这是创意的一个特征。直觉人人都有，但有多少人能从简单的直觉中寻找到创意的灵感呢？相信自己的直觉，聆听内心冲动的旋律，采掘它并给予回应，相信又一颗创意之星将会诞生。

2.乐于接受新观念

这是创意的基本心态。创意者不必讲求正误，不能固守旧观念，对各种新思想、新做法、新事物都不抱有成见，有选择性地接纳。

3.思路流畅

这是产生更多想法的基本能力。人在解决问题时，最先想到的点子通常是最显而易见的、最普通的、没有任何创造性的。当你逼迫自己想得更深入一些时，就会释放出更好的创意灵感，从而产生更多新颖独特的想法。

4.敏锐的感受力

它是深刻感受思想和情绪的能力。当你能敏锐地感觉到自己的感情时，你的感受力就增强了；当你能感受他人的所有情绪，你就能投入到自我和他人的感受当中，这样你的思想和情绪就更为丰富了。

5.有一种模糊的心境

这是一种帮助你拥有自信的心境，可使你对事物的认识停留在模糊未定的状态。没有明确答案也没有关系，心中的创意灵感偶尔需要多一点时间、多一点耐心诱导才会醒来。这就意味着当你被“卡住”时不要惊慌，你只需在悬而未知的状态下，静静地等待又一个灵感的绽放。

6. 懂得变通

这是创意的必要条件，因为它能使你“见风使舵”，也意味着你愿意让自己经历各种新鲜的事物，以更开阔的胸襟面对新世界。僵化是创意的头号杀手，不懂变通的人们都有着僵化的态度。失去弹性会使一个人先入为主地用过多的批评扼杀尝试创新的机会。

7. 喜欢混乱

这种偏好往往是创意者的天生习性。你可能会经常看到创意者的办公环境一团糟，但恰恰因为对混乱的偏好，促使他从“无序”中创造“有序”，从“混乱”中制造“整洁”。他们会从这种混乱中寻找到挑战的兴奋和刺激。

8. 具有原则性

相对那些善于改变和追求完善的人来说，原则性、目的性强的人具有更大的创造力。

第三节 创意人才培养途径的探索与实践

一、创意阶层与威客的出现

人是创意的核心力量。在创意经济的发展中，无法回避和忽视的一个新的阶层正在崛起，那就是“创意阶层”。所谓创意阶层是指所有需要创意和提供创意的职业从业者的总称，包括科学家和工程师、诗人、艺术家、设计师、卫生及法律从业者、高科技和知识密集型行业的人。这些人的生活方式以及价值取向将会左右未来社会的发展方向。2002 年，美国卡内基梅隆大学的教授理查德·佛罗里达出版了一本畅销书《创意阶层的崛起》。在这本书里，他提出了著名的 3T 理论——技术(technology)、人才(talent)、宽容(tolerance)，并将 21 世纪称为创意阶层的世纪。

其实，创意阶层只存在于知识经济社会，它是继工业经济时代的劳工阶级以及商业经济时代的服务阶级之后所产生的，以知识工作为核心的新的群体，运用创意增添产品的经济价值是他们的主要任务。他们是一群具有新观念、新生活方式和新生活态度的“新新人类”，敢于创新和冒险的精神正是他们的特点之一，他们热衷于创意的工作和活动，成为城市中最具活力的人群，成为城市中一道亮丽的风景线。随着这类人群规模的不断扩大，未来生活方式和工作方式将会发生新的改变。从原来的辛勤工作到现在的快乐工作是创意阶层的生活态度，也是创意产业蓬勃发展带来的工作观念上的新趋势。

制造新理念、新科技、新内容是创意阶层的工作领域，它包括所有从事科学、建筑、设计、教育、音乐、文学艺术以及娱乐等行业的工作者。这些人具有创新精神，注重工作独创性、个人意愿的表达以及拥有不断创新的渴求。他们尊重个性，工作自主灵活，并且在工作中充分发挥个人的创造性，善于进行各种新的尝试。他们在选择工作时，特别注重工作的意义、工作的灵活性与安定性、同事的尊重、技术的需求，以及可以从自己所选择的工作中寻找到个人价值的认同，而工资报酬并不是最重要的。

伴随着互联网的发展，创意者迎来了属于自己的时代。目前，在互联网上，一个新的创意者群体——威客已经出现了。他们通过中介平台，将自己的创意和智慧转化为真金白银。所谓威客，“野”解为有威力的人，正解是指那些通过互联网把自己的智慧、知识、能力、经验转换成实际收益的人，他们在互联网上通过解决科学、技术、工作、生活、学习中的问题，从而让知识、智慧、经验、技能体现经济价值。随着威客网站的探索和实践加深，威客行业开始迎来了快速增长期。据相关数据显示，截至 2010 年 6 月，中国威客人数已经突破 1000 万。越来越多的创意者加入威客大军，我们已经进入个人的创意可以通过互联网平台转化为经济价值的时代，这种良性的时代浪潮将极大地促进中国创意阶层、创意产业、创意经济的发展，有助于“中国制造”向“中国创造”转变。

二、我国创意人才队伍现状

（一）人才队伍的质量不高

虽然我国文化创意产业发展形势看好，但产业还不成熟，导致文化创意产业对人才的吸引力不够，大量创意人才宁愿选择兼职也不愿意选择跳槽。造成这种现象主要是由于文化创意产业还没有形成产业独立的人才自我培养机制和系统，人才来源还需要从传统产业转移过来，缺少体系内的自我造血功能。

当前，从文化创意人才的分布状况来看，大量的文化创意人才并不是在从事文化创意的专业机构中，很多专业人才还在一些传统产业的创意岗位上。要发展文化创意产业就需要有效吸引这些专业人才从传统产业中流动到专业的文化创意机构中才行。

人才质量是人才方面制约文化创意产业下一步发展的最大瓶颈。调查显示，87.5%的文化创意企业为员工提供培训，其中75%是业务知识技能类的培训，其次是开展管理技能培训、语言培训和企业文化培训，比例分别占到58.33%、45.83%和33.33%，开展学历教育培训的企业占12.5%。

目前，文化创意产业内的人才流动市场化程度不高，主要是口碑相传和熟人介绍两种方式，让很多优秀人才不能尽其才、尽其用，制约了产业的发展。这一方面是由于社会各界对文化创意产业的理解不同，一些人才对文化创意产业也缺乏了解和认知，存在认识上的错位；另一方面，文化创意企业招聘专业人才的手段和方式单一，没有针对性，一些从事文化创意产业的人才长期专注于创意和创作，对外界信息不关注，从信息交流上两者之间不能形成有效信息对接。例如，人才市场中专门从事文化创意产业人才服务的机构还没有建立，人才与企业只能通过综合性的人才服务机构进行交流，效率低下，针对性差，对文化创意产业发展形成不了有效的平台支柱。

（二）缺乏社会保障

年薪5万元以上的收入在创意产业中是比较容易获得的，但是社会保障却是个盲区。调查显示，没有社会保险的文化创意产业的从业人员达四成多，没有住房公积金的人员近六成。

在企业的薪酬福利结构中，值得关注的是福利类项目采纳的比例较低，16.66%的企业更喜欢采用工资和奖金等直接激励的薪酬模式，其中超过一成的企业选择使用长期激励。也许是创意产业的从业人员太年轻了,他们对于社会保障这件事不太在意,导致相当一部分企业对自己应当担负的社会责任采取逃避的做法。据调查,只有58.33%的文化创意企业员工有社会保险,有住房公积金的员工比例为41.67%,补充医疗保险获缴的比例更是低到29.17%。大量文化创意产业从业人员没有社保与行业人员从业年限较短有关系。据调查,在杭州,文化创意企业员工从业年限2年以下的达到73.20%,其中44.33%的员工从业不足1年,3年到8年之间的占21.64%,8年以上的仅占5.15%。

三、创意人才培养途径的探索

随着高新技术迅猛发展,信息技术广泛应用,互联网络日益普及,全球经济一体化趋向已日益显现。我们的世界正在缩小,跨国界经济的到来已是不可逆转。当下,资金、原料、技术、设备、信息和人员的跨国界的流动已是司空见惯。依靠现代技术,所有的生产要素几乎都能够在全世界瞬间得以复制。但是,只有那些训练有素,能在各种复杂的环境下应对自如的高级人才,才是一个企业、一个国家、一个民族唯一的竞争"法宝"。

人是企业的灵魂。松下幸之助曾经说过:"造物之前先造人。"这句名言现在已成为许多具有远见卓识的企业家的共识。人力资源伴随着新时代的到来,对其的开发和利用起着举足轻重的作用,人力资本已经成为最主要的生产要素和社会财富,已超过物质资本和自然资本,成为经济、财富增长的源泉。当今各类企业及社会组织时刻关注的重心已经转变为对人力资源的争夺、创新人才的培养。

人才是最宝贵的资源和财富,吸引、保留、培训、开发、激励人才便成为现代人才资源管理的主要目的。在进行人力资源管理时,必须有所创新。

(一)拓宽思路,更新观念

(1)破除那些束缚人才成长和限制人才充分发挥作用的观念。我们应该把人才作为企业的一项无形资产,牢固树立"人才是最宝贵、最重要的战略资源""不唯学历看能力、不唯职称看技术、不唯资历看业绩、不唯身份看素质”的思想观念，把管理的视角由工作转移到尊重员工的人格和权利，理解员工的思想、个性、能力、兴趣和爱好，规划美好的共同的企业愿景，对员工进行准确的工作分析和定岗定编设计，为想干事的人创建机会，为能干事的人搭建舞台，使干成事的人有地位。

(2)创新人才管理体制。在管理过程中，应建立和完善员工职业生涯规划和晋升机制，形成“合理用人，人尽其才，才尽其能”的用人管理体制。

(3)规划美好的企业愿景，增强员工对企业的归属感、安全感、使命感。应充分发挥员工的主观能动性和创造性，鼓励员工扎实工作，开拓创新，锐意进取，建功立业，取得一流业绩，获得一流报酬，使他们感到在企业这个大家庭里有干头、有奔头、有甜头、有收获。

(二)合理使用，科学管理

(1)科学合理使用人才。首先，对人才进行分类，建立科学的人才库，把人才分成尖端人才、高级人才、中级人才和基础人才等阶梯层次，越往上专业性越强，科研能力越高，人数越少；越往下走通用性越强，人数越多。接着，按照这一分类标准进行摸底调查，建立起庞大的人才库，把人才配置到合理状态。其次，建立科学的人才使用机制，制定科学的人才分类使用办法。对于尖端人才要实现柔性流动；对于高级人才特别是高级管理人才，主要采用待遇引人、事业留人；对于中级人才，既要有引进，又要有意识地从自身队伍中选拔培养；对于基础人才，则立足于自身培养，培养出大批应用型人才，并给予锻炼机会，使之往更高层次发展。再次，建立人才战略储备机制。为满足当前和今后的人才需求，必须对专业人才进行储备，形成多元化、合理化的人才结构。

(2)切实提高人才管理工作水平。提高人才管理水平的关键是科学完善的用人机制。要想管理好人才队伍，就要坚持以人为本。一是人尽其才。当然，人不可能是全才，大多数人都只具有某一方面的特长。人尽其才，即让人去做自己擅长的、喜欢的、熟悉的事。这里我们重点强调的是要专业对口，有了理论知识的积累，实践一段时间应该能较快进入角色。二是胸怀宽广。也就是说要大胆使用外来人才，唯才是用，唯才是举，形成万马奔腾、百花齐放的良好势头。

(三)教育培训,提升素质

(1)采取多种多样的形式,加强理想信念、职业道德、企业核心价值观、心怀感恩等方面的教育。通过多方面的教育,帮助员工把自己的前途命运与企业的发展紧密地结合起来,引导他们进行创造性思维、开拓性工作,在平凡的岗位上创造不平凡的业绩,为实现自身的人生价值而努力工作。

(2)从企业的实际出发,有计划、有目的地举办各种类型的培训班。通过各种培训,督促员工学习新知识、新技术、新技能、新工艺、新材料等,熟练掌握岗位业务知识、岗位操作技能,提高工作执行能力,帮助他们圆满完成工作任务和岗位使命。

(3)建立和完善"使用与培训考核相结合,待遇与业绩贡献相联系"的培训激励机制和约束机制。在培训期间,将培训效果纳入经济考核,直接与员工个人收入挂钩,充分调动员工参与教育培训的积极性和主动性,变"要我培训"为"我要培训",变"要我学习"为"我要学习"。

(4)建立规范的员工跟踪考核制度、员工绩效考核制度以及人力资源档案制度。完善和规范制度体系,以确保人力资源培训成果的转化和应用。

(5)根据人才工作能力,技术水平变化,不同阶段提供必要的培训。随着企业的发展和员工自我需求的转变,不同阶段的培训使员工的整体水平得到提升,并且通过级别晋升使其得到相应薪酬待遇。同时,对管理人员可以按照贡献大小,实行特薪和特奖制度,提升人才对企业的忠诚度和归属感。

(四)营造环境,搭建平台

(1)人力资源部门要善于考察和培养员工。只有熟知员工的概念能力、人文能力和技术能力,才能为他们提供发挥聪明才智的机会,建立平等竞争、优胜劣汰的岗位竞争机制。同时,管理者还应广开渠道,优化参与环境,让有能力的员工参与企业的民主管理,参与企业的重大决策,从而增强员工对于企业的主人翁情感。

(2)积极开展谈心交心活动。管理者在与员工的交流沟通中了解情况，掌握每个成员的心态变化，适当调整岗位，使人才的工作与自身性格、意愿、动态要素水平相协调。

(3)建立公开、公平、公正的考核程序。只有“透明”的考核机制才能减少员工，特别是人才的抱怨情绪。

(4)尊重员工的工作价值。管理者应该重视与业务的合作，以业绩为检验和衡量标准，建立企业核心价值观，根据员工的能力和特点来分配工作，使他们正确定位，不断提升自我，注重扬长避短，充分发挥能力，相互支持、相互依托、和谐共处，贡献其最大智慧和能量，确保企业的安全、稳定、发展。

(5)实施人才强企战略。企业应在管理过程中，优化人力配置，拓展育才渠道，不拘一格选用人才，量才适用，让人才在最适合的岗位上各显其能，发挥作用，为他们提供施展才华、实现抱负的广阔舞台和搭建干事、创业的平台，鼓励人才努力工作，做出新贡献，创造新业绩。

综上所述，创意人才是一个国家和地区国际文化形象体系中的重要标识。比如，美国苹果公司的前 CEO 乔布斯、Facebook 的创始人扎克伯格等，都已成为美国国家创新文化的形象符号，其国际影响力和号召力巨大，在他们的背后都形成了消费忠诚度很高的“粉丝群”。因此，鼓励创新创意企业发展，培育和推广大中华地区的“乔布斯式”人才，应是提升中华文化国际影响力的有效举措之一。除了重视推广上游的创新创意专业人才，还要注重发展下游的策划、咨询、中介、营销等创意服务人才。只有形成完整的文化创意产业人才链，才能有效加快实现中华文化创意产品走向国际市场，才能为中华文化创意人才聚集起“国际粉丝”。

四、创意人才培养的实践案例

义乌古称“乌伤”，为中国浙江省金华市下辖县级市，金华—义乌(浙中)和杭州(浙北)、宁波(浙东)、温州(浙南)并列浙江四大区域中心城市。义乌位于浙江省中部，地处金衢盆地东部。义乌于公元前 222 年建县，1988 年撤县建市。截至 2014 年末，全市户籍人口 76.7 万人，常住人口 125.1 万人。义乌曾先后涌现出了“初唐四杰”之一骆宾王、宋代名将宗泽、金元四大名医之一朱丹溪及现代教育家陈望道、文艺理论家冯雪峰、历史学家吴晗等历史名人。

义乌是中国首个也是唯一一个县级市国家级综合改革试点，先后被授予中国国家卫生城市、国家环保模范城市、中国优秀旅游城市、国家园林城市和浙江省文明示范市等荣誉称号。义乌国际商贸城被中国国家旅游局授予中国首个 AAAA 级购物旅游区。

义乌是中国百大强县(市)之一，人均收入水平、家庭人均资产在中国居首位，是中国最富裕的地区之一，在福布斯发布 2013 年度中国最富有的 10 个县级市中排名第一。义乌是全球最大的小商品集散中心，被联合国、世界银行等国际权威机构认定为世界第一大市场。2011 年被国务院批准为国家级国际贸易综合改革实验区。

义乌工商职业技术学院坐落在国际商贸名城义乌，致力于建设成为浙江省示范性创业型大学，全国知名的、有特色的高职院校。学院前身是创办于 1993 年的杭州大学义乌分校，占地 1000 余亩，建筑面积 23.9 万平方米，自然景观秀丽，建筑风格独特，是一所优美的山水园林式大学，目前有中外学生约 9600 人。

学院紧密依托义乌市场优势，打破常规、开拓创新，形成了创业教育、创意教育、国际教育三大特色教育，在培育创业创新人才、服务地方经济方面取得突出成绩。

学院建有大学生创业园、创业学院，开设了电子商务创业班、敦煌班、ebay 班，为学生开展创业活动搭建实践平台。据不完全统计，目前 95% 的在校生有过勤工助学的经历，年收入 2800 余万元，1800 余名在校生投身创业实践活动，年收入 3500 余万元，带动就业人数 1000 多人，80 余名创业学生年收入达 10 万，有的在校生已成为百万富翁。毕业生初次就业率连年保持在 98%以上，创业率连年居全国高校前列。学院因在网商培训与教学方面取得突出成效，获得“全球最佳网商摇篮”称号，并被省政府确定为“创业型大学”试点院校。

位于学院内的义乌创意园是全国首个以“小商品创新设计”为主要研发方向的创意文化园区，创意产值累计近 2.5 亿元，带动生产产值 37 亿元，为义乌市场提供了上万个创意设计产品，年均服务生产企业 3000 余家。园内引进实力雄厚、经验丰富的设计机构、产品研发科技型企业百余家，并与100余所知名高校联合打造了设计学子实践平台。2010年5月5日，中央电视台新闻联播头条报道了学院创意文化取得的成果。同年，创意文化获得教育部颁发的全国高校校园文化建设优秀成果奖。

义乌工商学院力推“三结合”，打造创意设计人才。义乌工商学院以义乌市创意园为载体，改革设计人才培养方案，力推“引领与自主结合、虚拟与真实结合、校园与园区结合”，诱发学生创意智慧，实现人才培养“三转变”：以师为本转变为以生为本，知识为本转变为能力为本，学习过程转变为工作过程。

(一)引领与自主结合，进行班级公司化管理，构建了人才培养的大课堂

(1)坚持创意引领与学生自主管理并重，营造快乐轻松的教学大课堂。注重引领，改革课程体系，增设创意课程。教师创新课堂教学方法，在整个教学过程中贯穿启发式教学，培养学生的想象力、洞察力和思考能力，点亮学生创意思维。

(2)注重自主，实行班级公司化管理。在班级建立企业化组织框架结构，使学生在校期间就体验双重身份：学生和企业员工。实践项目的获取和验收都借鉴企业管理模式，激发学生兴趣，提高教学有效性。学生在真实的公司情境中学习职业所需，自我管理和自主意识明显增强。

(二)虚拟与真实结合，强调专业技能培养，构建了人才培养的实践体系

实行以创意为主线、虚拟与真实相结合的项目化教学模式，将传统的章节化的内容改成项目化教学内容，构建产学研合一的大实践体系，实现虚拟实训到“真刀真枪”的实战跨越。

(1)基础型实训。针对大一的学生，教师根据实践教学内容的要求带领学生去创意园认识实践，将一些企业项目巧妙融入设计成实训项目，激发学生的创意热情。

(2)技能型实训。针对大二的学生，推行以赛促训，组织学生参加专业竞赛活动，主动邀请创意园企业、行业协会结合实际需求设立专业比赛项目，学生通过创意大赛获奖，得到社会肯定，收获信心。

(3)综合拓展型实训。针对大三的学生，在教师指导下，学生全面参与创意园的市场化工作室的真实项目设计，专业技能进一步提升。

(三)校园与园区结合,政产学研深度合作,构建了人才培养的大平台

充分挖掘义乌市创意园的可用资源,将其作为课程教材的素材来源、学生训练的实战场所、教师技能再提升的深造课堂,使得课程教材更实际,实践实训更便捷,服务地方更有效。校园与园区结合,进一步促进了资源的协同创新。

(1)聘请园区内精英创意设计人才入课堂面对面传授创意技能。

(2)邀请企业领导参与专业建设研讨,将企业成功案例作为课程教学资料,确保了课程建设与培养目标的前瞻性。

(3)在园内开办"师生共创"工作室,教、学、创合一,实现了与市场的无缝接轨。所谓"师生共创",即教师主导、学生参与,共同开办专业工作室,由教师带领学生承接业务,将学习过程变成工作过程。目前已成立了20余家"师生共创"工作室,累计承接校外项目300余个。

义乌市创意园目前成了浙江大学、中国美术学院、浙江理工大学、华中科技大学、台湾辅仁大学等上百所知名院校的设计学子实践基地。中央电视台在新闻联播头条聚焦了义乌工商学院创意文化力及创意人才培养成果。2014年学院教学改革项目"以市场需求为导向、以创意园为载体、设计类专业创意人才培养的探索与实践"获浙江省教学成果一等奖。

第四章　创意产业篇

第一节　创意产业概述

一、创意产业概念及相关论述

(一)约翰·霍斯金:《创意经济:人们如何从思想中创造金钱》

有“创意产业之父”之称的英国经济学家约翰·霍斯金在其《创意经济:人们如何从思想中创造金钱》一书中,将创意产业界定为其产品都在知识产权法的保护范围内的经济部门,认为版权、专利、商标和设计产业四个部门共同构建了创意产业和创意经济。霍斯金的定义扩展了创意产业的内涵,把属于自然科学中各个部门的专利研发活动也纳入创意产业,有效地解决了创意活动中科学与文化艺术相分离的问题。

(二)约翰·哈特利:《创意产业读本》

约翰·哈特利在其编著的《创意产业读本》一书中指出:“‘创意产业’这一概念,试图以新知识经济中的新媒体技术发展为背景,描述创意艺术(个人才能)和文化工业(大规模生产)在概念和实践层面上的融合,供新近才实现互动交流的公民——消费者所用。”约翰·哈特利对创意产业的描述,非常准确地把握住了创意产业的两大要素,即个体创意和产业化生产,并且强调消费者在创意产业中的积极作用。也就是说,在知识经济的趋势与新媒体科技的发展之下,创意产业把公共艺术和商业市场,把艺术(文化)直接与传媒娱乐(即市场)等大规模产业联系了起来,在某种程度上解决了两者的对立,并极大地承载了两者各自单独产生的价值,从而衍生出更多的市场可能性和机会。《中国好声音》是创意产业的一个典型例子,其模式是个人的才能(每个选手的音乐能力)、《中国好声音》的整体策划及导师构成了一个极为成功的创意产业链。创意产业现在已经成为商业市场中非常重要的一部分，创意设计与商业息息相关。更好地实现创意的唯一方法就是了解商业，明白商业的精髓与特性，然后考虑如何实现这些精髓和特性。比如，惠普公司成功设计的笔记本电脑，很好地适应了市场，而且很有特色，很受客户欢迎。由此可见，设计要和商业要素很好地结合起来。

（三）庄一召：《关于智慧产业》

庄一召认为，创意产业有广义和狭义之分。广义的创意产业指文化创意产业，狭义的创意产业指运用创造性智慧进行研究、开发、生产、交易的各种行业和环节的总和。

创意产业，又叫创造性产业，指那些从个人的创造力、技能和天分中获取发展动力的企业，以及那些通过对知识产权的开发，创造潜在财富和就业机会的活动。它通常包括广告、建筑艺术、古董市场、手工艺品、时尚设计、电影与录像、交互式互动软件、音乐、表演艺术、出版业、软件及计算机服务、电视和广播，等等；此外，还包括旅游、博物馆、美术馆、体育等。创意产业的根本观念是通过“越界”，促成不同行业、不同领域的重组与合作。通过越界，寻找新的增长点，推动文化发展与经济发展，并且通过在全社会推动创造性发展，促进社会机制的改革创新。

庄一召认为，智慧产业的外延大于创意产业的外延。智慧有很多种，很多层，创意只是智慧的一种、一层，是创新智慧。除此之外，还有发现智慧和规整智慧。

创新智慧，可以从无到有地创造或发明新的东西。如策划、广告、设计、软件、动漫、影视、艺术等都属于创新类智慧产业的范畴。

发现智慧，可以发现虽然本来就存在但还没有被认知的东西。有些科学研究，如天文学、考古学、地理学等，就属于发现类智慧产业的范畴。另外，新闻也属于发现类智慧产业的范畴。

规整智慧，可以运用现有的规则如法律、法规、制度、政策、方针、方法等来调整、梳理、矫正、改变已经存在的东西。如司法、会计、教育、培训、出版等都属于规整类智慧产业的范畴。

所以，所谓的创意产业是指创新类智慧产业，是智慧产业的有机组成部分，是智慧产业的子集。

综上所述，可以对创意产业做如下界定：创意产业是在世界经济进入知识经济时代这一背景下发展起来的一种新兴产业，是个体创造性劳动与现代大规模文化生产紧密结合的产业。它推崇创新，推崇个人创造力，强调文化艺术为现代文化工业生产提供具有知识产权的、可转化的创意设计和构思，并与商业紧密结合，由此支持和推动经济的发展。

创意产业的核心是创意，创意产业的灵魂是文化，创意产业的支撑是科技，创意产业的属性是产业。发达国家将创意产业定义为具有自主知识产权的创意性内容密集型产业，它有以下三方面含义：一是创意产业来自创造力和智力财产，因此又称作智力财产产业；二是创意产业来自技术、经济和文化的交融，因此创意产业又称为内容密集型产业；三是创意产业为创意人群发展创造力提供了根本的文化环境，因此又往往与文化产业概念交互使用。

在知识经济时代，市场竞争的实质是通过产品所倡导或体现的文化来影响或引导公众的意识形态、价值观念和生活习惯等，从而使公众接受某种产品。具体地说，就是通过商品的文化内涵、文化特色和附加值来提升商品的竞争力，其中包括商品的构思、设计、装潢、包装、商标和广告等。由于创意产业的本质特征之一就是“文化”，文化在创意产业中注入思想、价值、传统，甚至精神等内容要素，使创意产品始终闪烁着人类文明和智慧的光辉，深深吸引着世界各个国家、地区的人的目光。例如，韩国之所以能在 1997 年亚洲金融危机之后迅速崛起，根本原因是韩国的文化辐射力和创意产业的突出贡献。近年来，韩国的创意产业，尤其是流行音乐、电视剧和电影，风靡东南亚市场，被称为“韩流”。“韩流”不仅直接带动了韩国流行音乐、电视剧和电影等在东南亚及中国市场的热销，而且由于其所蕴含的文化内涵，催生了一批“哈韩族”，他们接受韩国的文化观念，从而喜爱韩国的各种产品，包括服装、化妆品、饰品、食品、电器甚至汽车等。可见，优秀产品的意义早已超出产品本身，它所蕴涵的文化因素使产品的消费变成一种文化消费，而文化与生俱来的辐射力使产品的市场竞争力空前加强。创意产业正是通过文化力扩张了市场，促进产业升级，推动经济的快速发展。可以预见,创意产业是继前三次产业革命之后的第四次产业革命。它的到来不仅会加速世界各国经结构的战略调整、产业结构的升级,实现城市功能转型,还会引起社会生产方式、人们生活方式的巨大变革,促进经济的迅猛发展,整体上推动人类历史的巨大进步。

二、创意产业的基本特点

凯夫斯在《创意产业经济学:艺术的商业之道》中,概括了创意产业的七个特点,分别是:

(1)创意产品的需求具有极大的不确定性。

(2)创意生产者以非经济的方式从自己的产品和创意活动中获得满足,但为了使创意活动能够维持生计,必须从事更单调的活动。

(3)创意生产常常具有集体的性质,必须建立和维持具有多种技能的创意团队。

(4)创意产业的产品的形式和类别是多种多样的。

(5)创意人员的技能差别是按垂直方式区别的。

(6)多种多样的创意活动必须在相对短的时间里或有限的时间框架内加以协调。

(7)产品寿命长,生产者能够在生产周期完成后的很长时间里不断获取经济回报。

凯夫斯还从微观的角度,分析了创意企业的特点:

(1)创意企业拥有大比例的高学历从业人员。

(2)创意企业经营方式灵活多变,不断地探寻新的想法,新的合作者和新的市场。

(3)创意企业大多为中小型、微型或自主就业型企业。

(4)创意企业是知识密集型企业。

(5)创意企业一般缺乏商业技巧。

(6)创意企业通常采用非常规的经营方式。

可以看出,凯夫斯是分别从创意产品、创意人员、创意活动和创意企业四个角度描述创意产业特点的,具有一定的科学性。

三、创意产业的主要特征

(一)从经济功能的角度看,创意产业具有高增值、高增长、高产出和高就业四“高”特点

首先,创意产业具有高增值性,主要是因为创意赋予商品以观念价值,而经济发展的实践证明,商品的市场价值主要是由观念价值决定的。一般来说,商品的市场价值分为使用价值和观念价值两部分。使用价值是商品的使用有效性的功能,而观念价值是商品或服务所包含的能与一些社会群体的精神追求或文化崇尚产生共鸣的无形附加物,如品位、意味或情趣等。随着经济的发展、生活水平的提高,人们的消费需求也表现出个性化、高级化的趋势,表现在人们购买商品上已不再单纯追求使用价值,而是越来越看重商品或服务背后的观念价值或品牌价值。如同一企业生产的两件T恤衫,质量、款式都一样,一件名不见经传,而另一件是知名品牌,它们在市场上的价格就大不一样,后者往往是前者的几倍,甚至十几倍。其价格的悬殊体现的是消费者主观的感受:名牌的服装体现一定的身份、品位或时尚。

其次,正是由于创意产业的高增值性,创意产业表现出高增长、高产出和高就业的特点。以英国为例,我们知道,英国是一个非常重视创意产业的国家,其最早提出了创意产业的概念。创意产业的活跃,可以从英国伦敦的时装周及伦敦奥运会的开幕式上可见一斑。英国文化、媒体和体育部发布的《2001年创意产业路径文件》的数据显示,英国创意产业当年的产值约为1125亿英镑,在英国国内生产总值中所占的份额超过5%,超过制造业对国内生产总值的贡献。就业人口为130万。出口额103亿英镑,在1997—2001年间,年均增长率为15%,远远高出同期4%的英国所有产业出口的年均增长率。1997—1998年,英国经济的增长率不到6%,而创意产业产值的增长率则高达16%。

(二)从投融资角度看,与其他产业相比,创意产业具有高风险性

首先是因为文化产品供求矛盾突出,市场不确定。创意产业以生产和经营文化产品为主,而文化产品是满足精神需要的精神产品,精神

产品的需求既多变又多样，需求弹性很大，而且影响需求量的因素很多，从而使文化需求具有特殊的层次性、多样性和不确定性的特点。此外，文化生产也因为文化资源的丰富性、生产过程的主观性而具有强烈的个性化色彩，使文化产品的供求矛盾远比物质产品突出和难以捉摸。

第二个原因是在信息时代背景下，信息传播速度越来越快，时间落差越来越小，创意产业部门开发新产品时不得不冒落伍和被盗版的风险。创意产业所开发的是以“知识、信息、符号”为载体的产品，容易传播和被人复制，所以投资人投资开发新的创意产品时，信心主要来自于对自身的预感、想象、信仰的承诺。在一定程度上，他们也是在打赌，风险较大。

第三个原因是经济全球化背景下，创意企业受到来自国际、国内的双重挑战。伴随着经济全球化、市场一体化而来的文化冲击和入侵，使得欠发达国家的主权趋于弱化和传统文化边缘化，从而导致了本民族的创意产业与世界的创意产业之间存在着某种竞争状态。现在绝大多数创意产业都面临着突出的集中化现象，在音乐、电影和媒体界，都是国际大集团主导全球市场，它们大多根植于美国的娱乐产业。

（三）从创意产业的生产角度看，投入的人力资本明显高于物质资本，因此它属于低能耗、无污染、创造性强的行业

创意产业的一切创意都是由人来完成的，人才是决定创意产业发展的关键，人力资本的投入是创意产业投资构成中最大的部分。创意产业是名副其实的“人才密集性”行业，而物质资本的投入只占较小比例。理查德·佛罗里达指出，“人才是全球的生产力要素，他们随着经济的活跃程度和地区的吸引力而四处迁移”，“而今人才的竞争已经扩散到各个领域，并且持续升温”。鉴于此特点，加大创意人才的引进和培养力度，大力发展文化创意产业，对于国家（地区）或城市的经济结构调整、产业结构升级、城市功能的重新定位、可持续发展具有重大现实意义。

（四）从产业内各部门之间，及其与其他产业的关系角度看，创意产业的渗透能力、整合能力和聚集能力表现突出

创意产业的渗透能力首先表现在产业内各部门之间互相渗透。由于信息技术的广泛应用及其生产方式的根本转变，传统的各个文化部门之间的界线被逐渐打破，导致各部门之间更多的渗透和融合，并使与买卖双方密切相关的市场区域概念转变为市场空间概念。传统厂商观念中“有明确界限的竞争”也被一个纵横相交的、更加广泛的概念所取代。例如，在数字技术融合的基础上，创意产业的服务内容与应用的业务融合不断涌现出来。报纸、电视、音乐、杂志、体育及其他娱乐形式都使用同样的混合多媒体形式进入互联网。创意产业的渗透能力也表现在对传统产业的渗透。从产业层面上讲，创意产业是以创意产品为主体，如设计创意、题材构思、选题策划、导演形式、生产工艺标准及销售模式等等，但它自身的价值实现却更多是以相关产业的产品为基础，如工业品，甚至也包括农产品。从产业组织层面上讲，创意产业的发展是以众多的相关企业为基础，把艺术家、经纪人、生产商、销售商等不同的参与者连接起来。因此，它实质是一条企业协作链。链条中的各个环节可能涵盖各种类型的具体企业。由此可知，创意产业的发展可以迅速地带动相关产业的发展，通过将创意产品融合到其他产业产品的方式有效地延长产品生命周期，也因此改变相关产业的生命周期。创意产业的整合能力表现在创意产业内部各部门及其与其他产业之间的结盟、融合或重组。由于创意产业的成果具有明显的外部性特征，企业之间的结盟、融合或重组既能实现资源的优化配置，实现规模经济，又能减少其外部性损失。如1998—2000年间，围绕文化创意产业，美国共发生了五起重大的企业合并案，其中美国在线公司和时代华纳的合并成为迄今历史上最大的收购案，总金额高达3500亿美元。创意产业的聚集能力突出表现在创意产业相关部门、企业在特定的城市空间里的高度集中。由于城市在政策环境、基础设施和创意人才等方面的优势，创意产业倾向于聚集在城市，尤其是国际化大都市。

四、创意产业的性质

（一）知识密集型的高附加值产业

信息、知识是创意产业的核心生产要素，特别是文化和技术是具有自主知识产权的高附加价值产业。技术、经济和文化等相互交融的产物是创意，而新思想、新技术、新内容的物化形式则是创意产品，特别是数字技术与文化、艺术交融与升华，技术产业化与文化产业化交互发展的结果，可以渗透到许多产业部门。

（二）集艺术、娱乐和休闲为一体的新兴产业

事实上，创意产业与文化产业的关系是国家软实力的一种体现，它可以提升民族自信心和凝聚力，激发民族的创新能力。那些重视发展创意产业的国家，在经济增长的同时，国家的“软实力”也随之得到了提升。

（三）创意企业人员主要是知识型劳动者，是能激发出创意灵感的设计高手和特殊专才

创意从业人员的工作有着很强的特殊性和不可替代性，他们不断创造新观念、新技术，职业能力既来自于个人经验积累，也来自于个人灵感的迸发。这种生产方式以脑力与体力、手工与信息化等现代化手段相结合，最终使智能生产与实时敏捷生产得以实现。

（四）文化与技术相互交融、集成创新的产物即是创意产品，它们呈现出智能化、特色化、个性化以及艺术化的特征

以文化、创意为核心，运用知识和技术产生出新的价值，是创意产品所特有的共性，也是创意灵感在特定行业的物化表现。电影、电视、广播、音乐产业、出版业、视觉艺术产业等文化产品，是与新科技和传媒息息相关的产品，可以掀起全球性的流动与竞争。而手工的、少量生产的传统工艺或创意设计产品，都呈现出智能化、特色化、个性化、艺术化的特点，它们的价值体现在它们所衍生的附加价值，并非局限于产品本身的价值。例如，那些具有版权的产品（包括书、电影和音乐）的出口能够比服装、玩具、五金产品等制造业产品的出口获得更多的利润和效益。

五、创意产业的兴起和发展

（一）创意产业占据价值链的高端

我们不妨将一个产品的设计、生产、销售的过程按附加值高低画一条曲线，那它一定是两端高中间低的“微笑曲线”。这条“微笑曲线”的两端必定是被研发、设计、销售、品牌和服务等环节所占据，这些是提升产业附加价值的关键。曲线中部是产生附加值最低的阶段，即生产制造环节。

我国经济学家厉无畏就“微笑曲线”做过一番比较，这个曲线在三四十年前还比较平坦，也就是说上下游两端对产品附加值的贡献还不算大。而进入21世纪，生产制造过程之外的附加值提升愈加明显。所以，这根曲线看起来就越发像大笑的嘴形，“笑得更灿烂了”。正如我们前面所提到的，无论研发设计，还是销售品牌，附加值曲线的两端主要是由创意产业的各个部门生产出来的。很明显，创意产业已经占据了产业价值链的高端位置。如动画片《喜羊羊与灰太狼》所产生的经济效益与社会效益。这部动画在成名之后，衍生出的同名电影、动漫书籍、玩偶等销量也很好。多重利用和广泛延伸，使这个并不复杂的创意产品赚取了大额的利润。这就是创意、技术、产品和市场的完美结合，动漫的价值在其中得到了淋漓尽致的体现。

综上所述，一个好的创意不仅可以直接作为商品进入市场，获取价值；同时还可以通过创意产业的巨大渗透力，创造出与创意相关的新的价值元素，使创意价值实现最大化。

（二）在金融危机中逆势而上

首先，创意产业总能在经济不景气时期，找到新的发展机会。面对危机，人们的心理压力增大，对未来生活的担忧与日俱增，十分需要寻找出口。一个舒解现实生活压力与苦闷的“世界”是大众所期许的，而以人为本、以需求为导向的创意产业则可以非常“善解人意”地为公众制造这样一个“欢乐世界”。同时，还可以用自己丰富多彩的文化创意，形成新的消费热点，为公众构筑一个宽阔的追逐自我愿望的平台。

创意产业是开发人类创造力、解放文化生产力、提升产业竞争力、增强国家软实力的有效手段。它强调创意和创新，强调把文化、技术、产品（服务）和市场有机结合起来，不仅能为人们提供文化含量较高的产品和服务，满足人们的精神需求，从而有效刺激内需，形成新的消费市场，更重要的是，还可以与其他产业融合发展，促进产业创新和结构优化，有效地推动经济发展方式的转变。

其次，创意产业是推动传统产业加快自主创新进程的重要力量。面对国际金融危机的冲击，首要的任务是加快自主创新进程，加强自主研发能力，尽早拥有自己的品牌和核心技术，这样才能尽量减少对外来经济的依存度。据相关资料显示，目前我国总的对外技术依赖率超过50%，工业产品的新开发技术中有65%属外源性技术，在世界上叫得响的品牌少之又少。由此可见，我国的不少企业缺乏自主创新能力。所以，鼓励自主创新，提倡创新精神，已经成了走出危机的必由之路。在这个进程中，传统产业可以通过技术创新和文化创意这两大引擎，助推产业创新。

最后，发展创意产业，有助于促进整个经济结构的优化和发展方式的转变。因为创意产业是在开发人类的主体资源，往往通过满足人的精神需求而产生社会效益和经济效益，较少消耗自然资源，可以说是一个以人为本，高文化附加值、低消耗高产出的环保型新兴绿色产业。发展创意产业，不仅能够开发人的创造力和潜能，给每个有创造力的人提供发挥才能、创造财富的机会，推动创意阶层的形成，其文化创意还能够为产品的服务注入新的文化要素，为消费者提供与众不同的新体验，从而提高产品与服务的观念价值，并且因品牌的作用而大大提高产业的附加值。更为重要的是，通过应用技术的嫁接，创意产业可以比较深入地融入传统产业，使传统产业的价值创新和产业创新得以实现，最终促使整个经济结构的优化和发展方式的转型升级。

第二节 国外创意产业的发展轨迹

当今世界，创意产业已不再仅仅是一个理念，而是一个有着巨大经济效益的市场。据联合国教科文组织统计，1998年全球有关文化创意产品方面的国际贸易额已经占当年全球商品贸易总量的7.16%，从1980年的953.4亿美元一跃到1998年的3879.3亿美元。约翰·霍金斯在《创意经济》一书中明确指出，全世界创意经济每天创造220亿美元，并以5%的速度递增。在一些国家，增长的速度更快，美国达14%，英国为12%。综观全球，发达国家的众多创意产品、营销、服务，吸引了全世界的眼球，形成了一股巨大的创意经济浪潮，席卷世界。发达国家的创意产业以各自独擅的取向、领域和方式迅速发展，展现了一幅创意产业全球蜂起的热烈景象。从国际上创意创业的发展来看，美国、英国、澳大利亚、韩国、丹麦、荷兰、新加坡等都是创意产业的典范国家，都形成了自己的发展特色，并产生了巨大的经济效益。

一、美国的创意产业

在美国，创意经济是知识经济的核心内容，更是经济的重要表现形式。阿特金森和科特于 1998 年明确指出，美国新经济的本质，就是以知识及创意为本的经济，新经济就是知识经济，而创意经济则是知识经济的核心和动力。美国人发出了“资本的时代已经过去，创意的时代已经来临”的宣言。据统计，到 2001 年，美国的核心版权产业为国民经济贡献了 5351 亿美元左右，约占国内总产值的 5.24%。

在美国，文化创意产业称为“版权产业”，分为四大类，即核心版权产业、交叉版权产业、部分版权产业、边缘支撑产业。

美国的文化产业一直遵循“高成本，高收益”的投资理念，“利润最大化”永远是他们的第一信条。当然，仅靠高投入是不行的。美国的文化产业深知市场的重要性，他们严格按市场规律办事，通过产品开发、建立全球销售网络、宣传促销和捆绑销售等多种手段和方法，以实现利润最大化。迪士尼可以说是这方面的行家里手，迪士尼一般分五步提取最大赢利：票房收入是第一轮收入；发行录像带、DVD 是第二轮收入；迪士尼主题公园的推广是第三轮收入；特许经营和品牌专卖是第四轮收入；最后，通过电视媒体获取最后一轮收入。据统计，在迪士尼的全部收入中，电影发行加上后续的电影和电视收入占 30%，主题公园的收入占 20%，其余的 50%则来自品牌销售。

由于美国政府在政策上采取了“杠杆方式”，以“资金匹配”来要求和鼓励各州、各地方以及企业拿出更多的资金赞助和支持文化艺术事业，因此，各州、各地方都必须拨出相应的地方财政与联邦政府的资金配套。据统计，美国联邦政府对艺术的年投入约 11 亿美元，而州、地方政府和企业的赞助高达 50 亿美元以上。如美国国家交响乐团每年得到的艺术委员会拨款只占总费用的 10%，其余款项需由地方、企业及全社会予以资助。作为全球版权产业最为发达的国家，版权产业已经成为当今美国最大、最富有活力并带来巨大经济收益的产业。

从1996年开始，版权产品首次超过汽车、农业与航天业等其他传统产业，成为美国最大宗的出口产品，其中核心版权产业的出口额已达601.8亿美元。特别是美国的影视业和软件业发展迅速，在国际市场中优势明显。美国是世界电影业最发达的国家，美国电影市场年销售总额高达170亿美元，占全球85%的份额，仅米老鼠和史努比两个动画产品在全球范围内的收益每年就超过500亿美元。美国也是称雄世界的软件大国，其软件销售额约占全球软件销售额的2/3，几乎垄断了全球的操作系统及数据库市场。美国版权产业在出口、增值和就业等方面的持续增长，巩固了版权产业作为美国经济发展的支柱产业地位。

美国创意产业的特点：

(1)重视教育，积极提高国民创意性。

(2)拥有丰富的人才。

(3)通过法律法规和政策杠杆，鼓励各州、各企业集团以及全社会支持文化艺术。

(4)注重加大科技投入。

(5)实行商业运作，按市场规律经营。

(6)投资主体多样化。

(7)政府充分利用其国际政治经济优势，支持文化商品占领国际市场。

(8)注重知识产权保护。

二、英国的创意产业

英国是全球最早提出“创意产业”的国家。1997年英国将文化创意产业作为国家重要产业加以重点政策支持，成立了英国“创意产业特别工作小组”，提出把文化创意产业作为英国振兴经济的聚焦点。1998年出台的《英国创意工业路径文件》更明确地提出了“创意工业”的概念。

英国文化创意产业发展的独特之处在于由准官方组织来经营文化机构。虽然英国政府对文化产业有资金支持，但是政府只起到引导的作用，管理的职责由准官方组织承担，而大多数文化机构，不论是全国性的还是地方性的，都采取自负盈亏、自主经营的方式创收。

英国对文化创意产业采取一种分权式的管理方法。一方面，中央政府将文化政策制定和实施的主要权力以及部分文化拨款的责任交给其所属的文化相关部门，如英国的文化新闻和体育部等。另一方面，要求各级地方政府行使相应的权力和承担相关的责任。非政府公共组织是介乎政府与具体文化单位之间的一级中介机构。英国政府不干预文化市场的具体运作，资助主要通过政府委托非政府公共文化机构实现对文化事业的财政支持，一般只占这些机构收入的30%左右，最多不超过50%，其余靠自创收入和社会赞助。各类中介非政府公共文化机构通过具体分配拨款的形式，负责资助和联系全国各个文化领域的文化艺术团体、机构和个人，形成全社会文化事业管理的网络体系。

英国文化新闻体育部作为政府机构，起着协调政府其他部门（准官方）和社会各界力量共同推进英国文化发展的作用，充分显示出文化发展中各方力量的介入和通力合作。

借助创意产业，英国在经济上成功地实现了产业结构的优化和升级。如今，英国创意产业产值占国内生产总值的8%左右。

目前，文化创意产业不仅是英国仅次于金融服务业的第二大产业，还是英国雇用就业人口最多的产业，英国的文化创意产业在国际上具有标杆影响。2000年，英国大约有12.2万个不同类型的创意产业公司，约占企业总数的7.6%；创意产业就业人数为195万，位居各产业之首。1997年至2000年，文化创意产业的成长率达到9%，远远高于同期2.8%的经济增长率。2001年文化创意产业产值1120亿英镑，占GDP的比例为8.2%，出口值高达103亿英镑。英国是仅次于美国的世界第二大创意产品生产国，文化创意产业已经成为英国增长最快的支柱产业。

三、日本的创意产业

哆啦A梦、Kitty猫，这些日本动漫的经典代表，不仅深深载入一代代年轻人的成长记忆，也成为许多国家的年轻人对日本的最初印象。自20世纪90年代以来，以动漫为代表的日本创意产业受到世界广泛关注。

日本创意产业蕴藏着相对稳定的思想范式，通过特定的价值标准来设置议程。受众往往潜移默化地接受或者认同隐藏其后的价值观念和文化意识，进而产生预期的态度、观念或行为，从而体现了文化的感染效应。

从进入世界市场开始，日本创意产业就致力于向全球展现日本国民的礼仪之美和高素质。日本创意产品的代表作，如《哆啦 A 梦》《名侦探柯南》《千与千寻》等，都突出了团队精神、自强进取、自我完善、环保、注重秩序等国民特性。

创意产业的产品具有跨越时空界限、思维跳跃以及多维度刻画等特性，这使其能够古今兼顾。一方面，许多作品充分利用历史元素来完善国家社会形象的构建，受众在故事情节的引导下，容易将历史真实与神话虚构等同起来。另一方面，日本的创意产业作品也注重表现当代日本的政治、经济和社会等。《名侦探柯南》和《千与千寻》就是最好的例子。它们既结合了一定历史时期的日本文化典故，又突出了现代日本的科技水平和制度优势，以喜闻乐见的形式将日本的发展成果传递到世界各地。

日本创意产业题材选择和议题设定广泛，那些日本民族文化中精致、细腻的实物和理念，通过创意产品所具有的张力和想象空间被表现得淋漓尽致。如《名侦探柯南》《樱桃小丸子》等作品，通过对服饰、饮食、建筑风格、人际交往等内容的展现，向受众阐释日本信仰、规范等传统文化因素，揭示深藏于日本人潜意识中的本性、社会制度观和世界观等深层文化内涵。

日本创意产业对日本国家形象塑造产生了重要影响，并日益成为政府开展公共外交的重要手段。日本政府为此提供了稳定的政策和资金支持。早在 2005 年 7 月，当时的日本首相小泉纯一郎的外交咨询机构就提出，日本外交发展的基本理念之一就是以“普及日语、日本流行文化和日本现代艺术等‘信息发布源’为开端，在世界上积极培养‘爱好日本动漫的一代’”。2006 年，时任日本外相的麻生太郎在其题为“文化外交的新思考”的演讲中，鲜明地提出以日本动漫和创意产业为依托，宣传日本文化，增进国际交往。近年来，日本在海外举办的各种创意产业产品展示活动越来越多，影响力也越来越强。这种政府主导的文化外交在促进产品国际化的同时，塑造日本国家形象也成为必然诉求。

日本创意产业的特点是：

(1)将保护知识产权作为国策，作为发展的坚强后盾。

(2)注重人才的培养和挖掘。

(3)基础比较扎实。

(4)呈阶梯形发展。

四、韩国的创意产业

1997 年的亚洲金融危机促使韩国政府开始改革,提出“设计韩国”战略,把文化创意产业视为 21 世纪最重要的产业之一。为推动文化创意产业的发展,韩国政府还设立了文化产业局,并于 1999 年通过了《文化产业促进法》,明确鼓励文化、娱乐、内容等产业的发展。成立了文化产业振兴院,作为辅助机构,协助将文化创意内容衍生成文化产品。

从 1999 年到 2001 年的三年时间里,以韩国大众流行文化为代表的“韩流”一举进占亚洲文化娱乐市场。“韩流”文化出口的主打产品为游戏、电视剧、电影。“韩流”文化产品出口不仅为韩国赚取了大笔外汇,更为国家形象的提升立下了汗马功劳。

在政府大力扶持下,韩国的文化创意产业发展迅速,游戏软件产业在 1998—2001 年中增长一倍,电影出口在 1995—2001 年中成长近 50 倍。尤其是数字内容产业已经超过传统的汽车产业,成为韩国的第一大产业。2005 年韩国游戏产业市场规模达到 43 亿美元,其中网络游戏已经成为游戏市场的主导。

五、丹麦的创意产业

丹麦政府充分认识到文化创意产业的价值与创造力,于是为推动文化创意产业的发展竭尽全力。如今,文化创意产业已经逐渐成为带动丹麦经济发展的潜在动力。

丹麦文化部和贸易产业部为促进创意产业的发展,共同发表了一份有关提升丹麦创意产业的研究报告《丹麦的创意潜力》,报告中详细阐述的丹麦文化创意产业的范围,以及产业政策的策略重点。政府经过严密的思索,最终确立了本国发展文化产业的四个重点领域,它们是电影产业、音乐产业、新兴媒体的内容生产、文化产业化。此外,丹麦政府在文化创意产业政策上提出了五大战略方向:

(1)为文化创意产业领域提供更多的风险资本和创投基金。

(2)鼓励文化创意产业的全球化发展。

(3)规范市场环境,为文化创意产业建立有效的市场机制。

(4)为文化创意产业建立创新环境,提供文化创意产业的专业知识培训。

(5)促进文化与产业互动发展,改善文化创意与产业界之间的互动关系。

这五大战略方向,成为促进丹麦文化创意产业以及经济发展的正确航标,成为丹麦新的经济发展的助推器。

六、加拿大的创意产业

虽然起步比欧洲国家晚,但加拿大有一套比较完整的文化市场运作方式。他们实施的是文化管理分权制。文化市场的运作及其管理体系,大致可分为四级:第一级为联邦内阁和议会,第二级为联邦政府机构(包括遗产部、外交部)和各省政府内设的文化部,第三级为由遗产部协调的一系列分管各文化领域的联邦政策文化机构,第四级是各类文化艺术事业的基本经营单位。加拿大文化管理的分权制主要表现在以下几个方面:各省政府与联邦政府相对独立,对文化事务的管理拥有自主权;主管文化艺术及文化市场的遗产部对各省文化部,既无业务领导关系,也无行政领导关系,只在其内部设"联邦和省政府关系局",负责与各省就文化事务进行联络、协调和沟通;各联邦政府文化机构,名义上归遗产部协调,实际上具有相当的独立性。这种层层分权、依靠政策调节的管理方式,能充分调动各级管理部门的积极性,促进多元文化的发展,有利于文化市场的繁荣。

加拿大政府通过财政资助对这些机构进行管理。加拿大艺术理事会每年为加拿大艺术家和艺术表演团体、演出商提供资助,以鼓励和促进文化艺术的发展。为此,加拿大政府设立各种文化基金作为资助的经费来源,包括演出基金、协调基金、表演艺术管理基金、艺术节基金、对外文化交流基金等。

同时,加拿大政府还实行了不少保护本国文化市场的举措。一是制定法令、法规，抵制美货倾销；二是加大对文化的投入，努力扩大和占领文化市场；三是发展自己的名牌产业；四是利用高新技术，建立电子信息网络。

七、澳大利亚的创意产业

澳大利亚文化部长委员会在2008年的《打造创意创新经济》报告中将“创意产业”的范畴定义为如下几方面：音乐与表演艺术，电影、电视与广播，广告与营销，软件开发与互动内容，写作，出版与平面媒体，建筑、设计与视觉艺术。

随着创意产业在国民经济发展中的地位不断上升，澳大利亚联邦文化部联手宽带、通讯与数字经济部，创新、工业、科学与研究部，外交贸易部以及教育、就业与工作关系部等联邦政府部门，于2011年8月共同出台了《澳大利亚创意产业21世纪发展战略》（以下简称《战略》）。

《战略》第一次从国家层面肯定了创意产业在国家经济发展中做出的显著贡献以及在经济与文化持续发展中的重要地位。《战略》将推动创新、加强基础建设、培育人才和加强产业研究成果利用四个方面确定为战略发展重点，积极通过完善政府机制、加大政府投入等措施保证创意产业的持续发展，其中有六个特别突出的亮点。

(1)政府注资与税收优惠结合。创新是创意产业发展的原动力。为保证创新的可持续发展，早在2009—2010财政年度里，澳大利亚政府就宣布通过“澳大利亚商业化”计划，对包括创意产业在内的各行业创新提供资助，前4年总额为1.961亿澳元，之后每年为8200万澳元。在此基础上，《战略》确定澳大利亚政府将在今后4年中再追加31亿澳元，用于提高澳大利亚的创新能力、生产力、竞争力，扶助新兴产业的发展。

同时，澳大利亚政府还推出了“研发税收优惠政策”，对企业的研发投入，尤其是以中小企业居多的创意产业，给予更大力度的税收优惠。其中，营业额在2000万澳元以下的企业研发总额的45%可用于抵消企业应缴税款，超出应缴税部分，还可获现金返还；营业额在2000万澳元以上的企业的研发总额的40%可用于抵消企业应缴税款，超出应缴税部分，无现金返还，但可用于抵消第二年的税款。

(2)加强基础设施建设。数字技术的飞速发展为澳大利亚包括创意产业在内的各行业带来了巨大的机遇,同时也使其面临向数字经济转型的重大挑战。作为发展21世纪创意产业的重要举措之一,澳大利亚政府决定在今后8年中投资430亿澳元用于国家宽带网的建设,帮助各行业更好地融入数字经济。国家宽带网建成后,全澳93%的地方,无论城市乡村,都能联通光纤宽带。国家宽带网的建设将有效促进多媒体市场的转型,尤其是互联网电视、移动电视和数字电台等在线发布平台的扩展。高速度的互联网将从实质上改变创意产业的创作、发布和销售方式,使创意产业的选址、商业化和企业合作具有更大的灵活性,同时也通过技术平台的完善为创意产业提供更为公平的竞争环境。

(3)促进创意人才就业。通过教育和技能培训培养创意人才,被澳大利亚政府称为21世纪澳大利亚发展生产力的"奠基石"。政府针对中学、高等教育、专业培训推出了不同的扶持措施。澳大利亚的国家中学电脑基金已投入24亿澳元,用于在2011年底前为9—12岁的学生每人配备一台上网电脑,为老师和家长使用信息通信技术与学生沟通提供技术支持;未来4年还将继续注资2720万澳元用于发展在线教育。澳大利亚政府对澳大利亚芭蕾舞学院、澳大利亚电影电视广播学院、澳大利亚国家音乐学院、澳大利亚国家戏剧艺术学院等8家全国性专业艺术培训机构提供支持,力争为澳创意产业培养更多优秀人才。

针对创意人才和企业在创业之初面临的困难,澳大利亚政府制订了"艺术启动"计划:通过澳大利亚委员会,每年向从事创意产业的艺术专业毕业生、艺术家个人及专业机构提供创业资助。2009—2010年,该委员会共向1800多个项目提供了总计1.64亿澳元的资助,包括752名艺术人才和1121个文化艺术机构受益。

(4)加强研究成果的利用。在给予创意产业研发投入大幅税收优惠的基础上,澳大利亚政府将研究成果的利用也列为促进创意产业发展的重点。2005年9月,澳政府设立了澳大利亚研究委员会创意产业创新研究中心。这是世界上最早设立的有关创意产业研究与成果利用的机构之一,在澳大利亚国家创意产业发展规划中发挥着重要作用。该中心在2009—2013年获得总计600万澳元的政府资助,以加大对创意产业的研究力度。该中心依据研究成果制定"创意企业标准",帮助从事创意产业的企业了解全澳同类企业的经营情况，了解行业发展动态与趋势，以促进自身的发展。

有关创意产业数据的收集也被视为发展创意产业的重点之一。澳大利亚文化部部长会议提出，对澳大利亚统计局的国家文化娱乐数据统计中心提供资助，推动其对相关文化产业数据的收集。

(5)推动中小企业发展。针对创意产业以中小企业为主的特点，在给予研发投入较大的企业更多优惠的同时，澳大利亚政府对创意产业创新中心还特别提供了1700万澳元资助，以帮助创意产业的中小企业提高生产力，提高开发创新内容与创新服务的能力。该中心提供的一个重点服务就是通过全面的商业评估，为企业的发展提供建议。中心的商业顾问和中小企业一起探讨企业的优势、弱点和潜在的发展方式。中心还为企业与院校、行业与政府在创意产业以及跨行业的沟通、合作提供平台，同时帮助研究机构(人员)与企业建立联系，为创意产业了解最新技术以及提出具体信息需求提供便利。

针对位于偏远地区的创意产业，政府还提供额外的1000万澳元资助。此外，创意产业的从业者还可以通过其他相关的政府项目获得资助，如小企业顾问服务(政府资助4600万澳元)、澳大利亚商业艺术基金等。政府还设立了小企业在线，帮助小企业提高上网能力，完善上网设施，降低运营成本，更好地利用数字技术带来的机遇。

(6)鼓励本土文化产品创作。为充分发挥广播影视在帮助公众了解和应用新媒体方面的巨大影响力，澳大利亚政府对广播公司、地方电视台和电影业均推出了新的资助计划，推动其运用数字技术，为公众提供更多的新媒体内容，创作更多本土节目。

在注资1.364亿澳元的基础上，澳大利亚政府决定于2011—2021年对澳大利亚广播公司(ABC)再追加总计2.231亿澳元的拨款，用于帮助ABC制作新的电视剧以及建立新的数字儿童电视频道。SBS电台也获得了2000万澳元的拨款，用于鼓励创意企业制作澳大利亚本土内容的节目。政府对地方电视台也给予相应的资助，鼓励其从事本土节目制作并加入公共、商业电视台的数字广播网。为鼓励商业电视台在制作澳大利亚本土内容节目上的投资，政府于2010年将许可费降低了33%，2011年再降低50%。

澳大利亚电影业的产值占创意产业总值的18%。除税收优惠外，2011—2012年度，澳大利亚电影局宣布拨款300—500万澳元用于推动电影业进行多媒体创新。澳大利亚电影电视广播学院也积极通过课程和基础设施的完善，培养面向21世纪的新型影视创作人才。

除影视广播外，澳大利亚政府还通过设立"总理文学奖"（年度资金40万澳元）、资助当代澳大利亚音乐巡演和土著当代音乐创作等措施，推动本国艺术创作的发展。

从以上的分析可以看出，澳大利亚政府把推动创意产业的发展，作为促进国民经济发展，提高本国的国际竞争力，增强国家软实力的重要举措。通过加大投资的力度与广度，提高企业自身能力，多渠道培养专业人才，鼓励本土文化创作以及支持文化出口等计划。澳大利亚政府正力图使创意产业成为国民经济新的增长点，维持澳大利亚的繁荣与发展，并使澳大利亚在21世纪的国际竞争中处于领先地位。

第三节　国内创意产业的崛起之路

一、国内创意产业发展概况

近年来，中国创意产业有很大发展，尤其是香港、台湾地区，创意文化产业正在以前所未有的速度迅速崛起。上海、深圳、成都、北京等城市积极推动创意型企业的发展，正在建立一批具有开创意义的创意产业基地。我国创意产业是文化艺术创意和商品生产的结合，包括表演艺术、电影电视、出版、艺术品及古董市场、音乐、建筑、广告、数码娱乐、电脑软件开发、动画制作、时装及产品设计等行业。

我国创意产业的理论研究已有相当的基础，一批全国及各地的文化产业发展的蓝皮书已出版，一批关于西方文化创意产业的报告和著作已发表，一批文化创意产业的案例研究也已发布，成果是显著的。但与飞速发展的现实相比仍不相称，特别是对总体发展战略的研究还很不够，对国外创意产业发展的理论基础、政策制定、产业布局、人才战略的研究还十分肤浅，对美国、英国及欧盟其他国家、日本、韩国、澳大利亚创意产业的各自特色与取向还缺乏深入细致的探讨。因此，我国创意产业的发展仍然需要一个更加富有开拓性的理论先导，需要与全世界创意产业专家共同探讨创意产业的发展、危机和困境，共同寻找未来发展的道路。

创意产业的发展不能仅仅依靠总体的动员与政策支持，还必须有实质性的产业发展与推广。我国文化创意产业将建立一个总体发展规划，确定未来若干年发展的政策导向，完善和优化创意产业发展的内部与外部的环境，研究和探讨如何以高新技术带动传统产业的升级换代，构成与完善创意产业的产业链条，建设一批以高新技术为基础的文化创意产业园区，加强创意项目作为风险产业的辅导、推动，进一步改革和完善创意产业的投融资体制，推动文化创意企业的快速生长。发挥集聚效应，培育创意市场，打造并完善创意产业链，形成新的产业发展群落。

目前，我国文化创意产业还是一个市场不成熟、需求不稳定、产业链尚不完整的风险产业，又是有效需求高速增长、市场前景十分广阔、经济效益非常诱人的朝阳产业。文化创意产业需要良好的创业环境、高效的政策支持机制、高技术的基础设施、相互连接的产业链条、迅速顺畅交换传播的数字网络、高度市场化的交易平台。

二、各地创意产业的崛起与特色

文化创意产业崛起，为诸多城市抢占产业新高地开辟了一片天地。在文化创意产业发展过程中逐步涌现出了一批具有代表性的地方实践案例。

（一）杭州文化创意产业的兴起与发展

杭州是一个资源短缺型城市，没有矿产和港口，但是拥有深厚的文化底蕴和人文资源。被称为“无烟产业”的文化创意产业成了杭州寻求错位发展优势的特色发展道路。“人脑加电脑”，打造出经济社会发展的新“蓝海”。在国务院 2010 年发布的长三角地区区域规划中，杭州市打造“全国文化创意产业中心”的战略升格成为国家战略。

杭州市文化创意产业的发展摸索出了“中国文创的杭州模式”。杭州文化创意产业在产业规模、企业效益、重点企业、园区楼宇建设、文创品牌等多个方面均领先全国。

杭州文化创意产业的总体思路是：以“环西湖、环西溪、沿运河、沿钱塘江”为主线，以市级文化创意产业园区为重点，充分发挥各区、县(市)的产业优势和区位特点，积极拓展新兴文化创意产业园区，逐步形成“两圈集聚、两带带动、多组团支撑”的文化创意产业空间新格局，为打造全国文化创意中心提供良好的载体支撑。

两圈，即构筑环西湖文化创意产业圈和环西溪湿地文化创意产业圈，充分发挥自然山水赋予的灵气和丰厚的文化底蕴，打造成为杭州市文化创意产业的核心区。

两带，即构筑沿运河文化创意产业带和沿钱塘江文化创意产业带，进一步突出产业集聚度，发挥示范、引领和辐射作用。

市级文化创意产业园区，即西湖创意谷、西溪创意产业园、西湖数字娱乐产业园、之江文化创意园、运河天地文化创意园、白马湖生态创意城、下沙大学科技园、杭州创新创业新天地、创意良渚基地、湘湖文化创意产业园等杭州市十大文化创意产业园区。

文化给城市带来新发展，城市要给文化一个好环境。杭州市每年投入3000万元专项经费实施“杭州青年文艺家发现计划”“女装设计师发现计划”等，培养、挖掘各种文创人才。为扶持中小文创企业出精品，杭州市每年安排不低于1000万的投融资专项资金，与9家在杭金融机构建立了战略合作关系，推出“宝石流霞”和“满陇桂雨”集合信贷产品，为中小型文创企业拓宽融资渠道。2011年，杭州还成立文创创业投资有限公司并投入运作，推出总规模5亿元的杭州市文创产业投资基金，并组建了全国首个专门针对文创产业无形资产担保贷款的、1亿元授信规模的风险补偿基金。

杭州文创产业经过几年的“打基础”，正在开始“上台阶”，实现从量到质的提升。杭州的文化创意产业取得了非凡业绩。杭州被联合国教科文组织命名为“工艺与民间艺术之都”，并获批“国家级文化与科技融合示范基地”；在全国率先提出打造“动漫之都”的战略目标；是全国首个建有两家文创金融专营支行的城市，拥有全国首个文化创意企业无形资产担保贷款风险补偿基金；台湾亚太文化创意产业协会发布《2013两岸城市文化创意产业竞争力调查报告》，在两岸42个城市文化创意产业竞争力排行中，杭州位列第4，在大陆35个城市中位列第3。

2014年，杭州文创发展再次取得了一个个亮眼的成绩：文化创意产业增加值为1607.27亿元，GDP占比17.4%；规模以上文创企业单位资产总额为4347.56亿元；规模以上文创企业主营业务收入2842.07亿元，利润总额587.32亿元；从业人员33.68万；规模以上文创企业3183家，其中民营企业3023家；5家国家动画产业(教育)基地，8家国家文化产业示范基地，24家市级园区，33家市级文创楼宇。

随着文创产业的发展，中国国际动漫节、中国杭州文化创意产业博览会等会展活动影响力的提升，中国电子商务之都、中国动漫之都、中国女装之都等建设的加快，"创意杭州"的品牌已初步打响。

杭州文化创意产业发展的启示：

1.布局"蓝海"：政府主导力起到了引导和推动作用

杭州文化创意产业在发展初期并没有特别的优势，它之所以能够实现后来居上的跨越式发展，与杭州市政府从构建"生活品质之城"的战略高度给予大力扶持和引导息息相关。

第一，利好政策为杭州文创发展明确方向。2005年《杭州大文化产业发展规划(2005—2010)》提出要使"创意产业"成为"杭州文化的支柱产业"；2007年杭州市委、市政府提出了打造全国文化创意产业中心的战略目标；2008年杭州市提出构建现代产业体系和实施"软实力"提升战略的重要部署，进一步确立了文化创意产业的战略地位；2009年出台《杭州市文化创意产业发展规划(2009—2015)》，2012年出台《杭州市"十二五"文化创意产业发展规划》。多年来，杭州市政府对于文创发展的支持政策不断，杭州文创的发展方向也在政策的推动下不断明确。

第二，切实保障文创发展。在管理机构方面，杭州市成立了专门的政府部门，设立市、区两级文化创意产业管理办公室，协调全市文化创意产业发展，为杭州文创的发展搭建产业集聚平台、投融资平台、项目引导平台、人才开发平台和交易展示平台，有效地解决了条块分割的传统管理模式所导致的管理混乱的问题。不得不说这是一项重要的制度创新。在财政支持方面，自2008年起，市本级财政共投入了18.6亿元，以公开申报的形式，对全市约3100个文创项目进行了扶持，带动社会投资约630亿元。在体制机制创新方面，近年来，杭州市通过大力推进文化市场综合执法改革、公益文化单位内部三项制度改革、经营性文化单位改制等文化体制改革，较好地解决了文化事业单位面临的突出问题，宏观管理体制得到进一步完善，产业结构得到优化，投资主体多元化、股权结构合理化的局面逐步形成。在展会平台搭建方面，“中国国际动漫节”被誉为目前国内规模最大、人气最旺、影响最广的动漫盛会，中国杭州文化创意产业博览会跻身全国文化领域四大展会之一。展会平台的搭建无疑为杭州文创产业的发展拓展了空间。

2.激励保障：文化金融驱动力

在文化金融服务方面，杭州市一直处于全国文创发展的前列，无论是建立文创银行、创新金融产品，还是提供担保贷款，杭州的文化金融实验为文创的发展提供了充足的动力。

第一，率先成立文创银行。2013年杭州在全国率先成立杭州银行文创支行，一年来该行已向200家文创企业授信超过9亿元。同时，杭州市推动成立浙江省建行文创专营支行，使得杭州成为全国首个建有两家文创金融专营支行的城市。

第二，完善无形资产担保。自2011年杭州市建立全国首个文化创意企业无形资产担保贷款风险补偿基金以来，该基金Ⅱ期已为129家文创企业提供了超过5亿元的信贷支持。

第三，不断创新金融产品。在杭州市文创办、杭州市财政局、杭州市金融办等有关部门支持和推动下，杭州市文化创意产业银政投集合信贷产品“满陇桂雨”第七期文创集合信贷产品在2014年顺利发行；此外，杭州市文投公司与市中小企业担保有限公司合作组建文创产业转贷基金，为在杭州银行文创支行贷款的中小微文创企业提供转贷资金周转服务，转贷基金作为无形资产担保风险补偿基金的配套产品，为破解中小微文创企业还贷资金瓶颈、减轻企业融资负担创造新途径。此外，杭州市还针对具体的文化产业门类，推出了类似“印石通宝”艺术品融资产品、“拍益宝”金融产品及“助保贷”融资平台等相关金融产品。

杭州市在文化金融方面的创新得益于文化产业市场的成熟，是市场发展的实际需求，更与政府的利好政策导向密不可分，这都将进一步为杭州文创企业的发展注入资金血液。

3.整合发力：集聚驱动力

文化创意产业园区是杭州文化创意产业发展的主平台，园区的集聚效应和规模效应不断为杭州文创助力。近年来，杭州市在先期园区规模与体系的基础上不断提升集聚品质，优化集聚区运行机制和治理结构。从自发集聚、目标确立，到集群化发展战略实施，再到集群化品质的提升，杭州文创在集群驱动的力量下走上了快车道。集聚，是杭州文化创意产业发展的催化剂，无数的“化合反应”在大大小小的集聚区内不断发生，为杭州文创的发展创造了无限的可能。

此外，为加快推进杭州市“文创西进”工程，2014 年，杭州还认定了 10 个市级文创小镇培育对象。通过培育一批环境优越、特色鲜明、效益突出的文化创意小镇，进一步促进文创产业与区域经济融合发展，不断激发杭州文创发展的积聚力量。

4.为我所用：人才驱动力

杭州市从人才发展的实际需求出发，通过一系列人才政策，搭建了创意人才宜居宜创的美好凤巢。

自 2008 年起，杭州市就先后出台了《关于加快文化创意产业人才队伍建设的实施意见》《青年文艺家发现计划》等文件，市财政每年安排 4500 万元，从人才的“选拔、引进、培养、使用和服务”五个环节入手，不断壮大创意人才队伍。在高端文化人才引进方面，杭州市目前已经以不同方式引进了余华、麦加、蔡志忠、赵志刚等 30 余位文化名人，他们的入驻为杭州带来了更多的文化因子。在本地创意人才培养方面，杭州市先后启动“杭州影视业国际化青年人才培养计划”“‘创意杭州’广告大赛优秀获奖选手赴国外培训”“优秀工业设计师赴国外进修方案”等重点人才建设项目，共选拔 70 余位优秀人才出国深造，为创意人才的成长提供了肥沃的土壤。在本地人才培训方面，自 2011 年以来，杭州市通过举办文创企业孵化工程培训班、成长型文创企业高端培训班，为杭州市培养了文创青年管理人才近千余人。此外，2014 年，杭州市还举办两届杭州文创人才专场招聘会，吸引了全国 17 个省市、700 余家企业，共有 5000 余人达成就业意向，为广大文创人才搭建起筑梦的桥梁。2015 年 1 月 27 日，杭州出台了最具吸引力的“人才新政 27 条”，即《杭州市高层次人才、创新创业人才及团队引进培养工作的若干意见》，从加大人才和团队引进培养力度、完善人才创业扶持政策、优化人才生活服务保障、切实加强组织领导等五个方面对政策进行创新，可以说是最优惠、最实在、最有含金量、最具操作性的吸引人才的政策。

（二）上海创意产业的兴起与发展

曾经，旧上海星罗棋布的工厂造就了这个城市的工业文明；如今，留存下来的老厂房孕育了新上海的创意产业。

上海是中国近代工业的发源地，拥有东西交融的历史文化底蕴以及大量珍贵的工业历史建筑。近年来，上海在追求现代化城市改造的同时，最大限度地保留了一大批建筑风格独特、具有历史价值的老厂房、老仓库，通过引入新的时尚元素，形成了一大批创意产业集聚区，使昔日废弃的老建筑完成了向创意设计和时尚文化的华丽转身。

目前创意产业集聚区已成为上海创意产业发展的一大特色和重要载体。上海 2/3 的创意产业集聚区来自于保护性和创造性地开发老厂房、老仓库和老大楼，并逐步形成具有鲜明区域特色的空间布局，聚集了一大批国内外的创意设计企业和优秀创意人才。同时，上海涌现出了 8 号桥、田子坊、M50、张江文化创意产业基地、尚街、时尚产业园、红坊、2577 创意大院、1933 老场坊等一大批品牌创意园区。

1999 年，上海刚开始尝试改建旧仓库及厂房为创意产业时，最令人印象深刻的是台湾设计师登琨艳将位于南苏州河路 1305 号约 2000 平方米的旧仓库改建为设计工作室，设计师刘继东在不远处租下 5000 平方米仓库作为工作室。很快，这种按现代建筑艺术理念对老仓库改建以及转租分摊的方式，吸引了国内外知名设计公司落户于“创意仓库”，并在苏州河两岸形成了上海创意产业的最早形态。至 2009 年，上海各种各样的创意产业聚集区已经达到了 75 个。

2004 年 11 月 6 日，上海成立了上海创意产业中心，于 2005 年 1 月 8

日正式挂牌运行。上海创意产业中心是经上海市经济信息委员会、上海市社团局批准设立,从事推动上海创意产业发展的专门机构。上海已发展了四批创意产业园区:

第一批创意产业集聚区包括:田子坊、8 号桥、创意仓库、天山软件园、时尚产业园、传媒文化园、乐山软件园、静安现代产业园、旅游纪念品产业发展中心、虹桥软件园、工业设计园、周家桥、文化科技创意产业基地、设计工厂、M50、同乐坊、卓维 700、昂立设计创意园。

第二批创意产业集聚区包括:海上海、创意联盟、2577 创意大院、X2 数码徐汇、车博汇、建筑设计工场、天地园、智慧桥、尚街 LOFT、德邻公寓、合金工厂、通利园、空间 188、逸飞创意街、东纺谷、尚建园、旅游纪念品设计大厦。

第三批创意产业集聚区包括:创邑·河、创邑·源、JD 制造、数娱大厦、1933 老场坊、西岸创意园、湖丝栈、华联创意广场、新十钢、绿地阳光园、优族 173、98 创意园、E 仓。

第四批创意产业集聚区包括:外马路仓库、汇丰、制造局、老四行仓库、新慧谷、中环滨江、孔雀园、静安创艺空间、时尚品牌会所、原弓艺术仓库、物华园、建桥、聚为园、金沙谷、新兴港、彩虹雨、文定生活、长寿苏河、越界、名仕街、梅迪亚、乐空间、南苏河、丽园、古北鑫桥、第一视觉创意广场、临港国际传媒产业园。

文化创意产业已成为引领和支撑上海新一轮发展的支柱产业,对上海全市经济发展的贡献率逐年提高。到 2013 年底,上海文化创意产业从业人员约 130 万人,实现增加值 2500 亿元,占全市 GDP 的比重为 11.5%。全市 87 个创意产业集聚区形成“一轴(延安路城市发展轴)、两河(黄浦江和苏州河文化创意产业集聚带)、多圈(区域文化创意产业集聚地)”的空间布局。2014 年,上海文创产业增加值占到 GDP 比重的 12%,提前一年完成“十二五”规划目标。2014 年,上海众多文化创意和设计服务企业组团服务 APEC 会议,以丝绸之路文化发展(上海)有限公司为代表的上海各家企业和众多工艺美术大师发挥创意创新精神,为会议提供现场布置设计、鲜花陈设、国宴各种用具和摆设等,在赢得普遍好评的同时,也引起了各界对上海文化创意产业发展的广泛关注。

上海始终紧扣“融合发展”主线发展文化创意产业。2015 年初，上海将贯彻落实国务院《关于推进文化创意和设计服务与相关产业融合发展的若干意见》10 号文的实施意见作为上海市政府 1 号文下发，将“融合发展”提升至上海文化创意产业发展的一个关键词。

上海正处于文化创意产业发展的最好时期，4 年前上海加入全球“创意城市网络”，被联合国教科文组织授予“设计之都”称号。目前，中国工业设计研究院、迪士尼、东方梦工厂等世界级研发中心和重大项目已相继落户上海，自贸区文化市场开放政策正显现出桥头堡作用，这些都为上海大力发展文化创意产业拓展了巨大发展空间。

上海文化创意产业发展的启示：

上海的文化创意园区最早是由一些企业改造老厂房自发运营的，这种模式成本低、可复制，但也有弊端，如短期利益至上可能造成园区功能异化、同质竞争缺乏等特点。经过十多年的优胜劣汰，园区在快速的数量扩张和前期的“筑巢引凤”后，更加注重内在的发展质量，逐步转型到以国家级产业基地为引领、园区产业集聚效应不断增强的新阶段。

一是依托主导产业，集聚企业，打造产业链。上海文化创意园区有四类主导产业：设计策划类、艺术创作和展示类、技术创新和服务外包类、时尚和休闲服务类。2010 年世博会的举办，大大推进了相关文化创意产业的发展，形成了一批产业定位明晰、产业链带动效应明显的文化创意产业集聚区。在一个集聚区内，一个行业的产出，可以作为另一个行业的投入品。比如，设计研发产业的产品可以作为动漫游戏产业的投入品，而动漫游戏产业又可以作为影视产业的素材，大大提高了效率和产出水平。

二是专注产业细分，形成品牌特色。以创意设计产业为例，已细分为时尚设计领域的上海国际时尚中心、时尚产业园、尚街、2577 等，软件创意设计领域的张江文化科技创意产业基地、虹桥软件园，建筑设计领域的八号桥、文定生活、创邑金沙谷等，工艺美术设计领域的工艺旅游纪念品设计产业集聚区，设计外包服务领域的八号桥、江南智造，视觉艺术领域的映巷创意工场、M50 创意园等。

三是依托产业基地，引领园区和产业整体联动发展。仅以收取租金和提供物业配套的初级服务的方式，只能带来低端和同质化客户。产业基地和公共服务平台是政府推动文化创意园区发展的重要载体，通过这些基地和平台建设，文化创意园区近几年在实现自身发展的同时，也起到了整体提升能级的效果。超过 80%的园区至少建有一个公共服务平台，服务内容涵盖产品孵化、展示推广、技术服务、人才培训、投融资、政策咨询等，从各个维度做好配套功能服务，实现从筑巢引凤到腾笼换鸟的转变。以张江文化产业园区为例，园区由分散在不同区域的产业集聚区组成，并没有连成一片。因此，园区运营主体的发展不是靠房地产的租售，而主要靠搭建平台服务企业，进行产业投资。

园区的运作模式，从企业自发向“政府推动、社会参与、市场运作”转变，为文化创意产业发展提供了可复制推广的经验。近 10 年来，文化创意园区的发展由中心区向外扩散，杨浦、宝山、嘉定等区的一些园区规模、品牌和影响力已超过了八号桥、田子坊等早期园区。这说明，文化创意产业并不单纯依赖地段、政策，而是越来越依靠品牌、服务和内涵。

政府的推动体现在规划引导、协调服务和政策扶持上。比如，上海从三个方面对影视文化创意园区的发展给予优惠政策，即营业税扶持税额 60%，增值税扶持税额 3%—5%，所得税实行“三免二减半”，对园区企业的生存与发展起到推动作用。各区县对园区发展给予资金和政策扶持，如普陀区每年安排专项资金 1 亿元。同时，为防止创新发展中出现盗版、仿造、抄袭等现象，市区两级不断加大园区知识产权保护工作力度。杨浦区还与市知识产权局共同建立了全市第一个知识产权公共服务平台——上海知识产权园。

社会参与方面，一种是校企运作，通过高等院校的智力优势背景，整合资源，对老厂房进行统一改造。典型的如同济大学周边的建筑园区、东华大学附近的时尚园区、上海交大周围的软件园区等。第二种是推进园区与街区、社区融合。一些知名的创意产业园区利用集聚效应所形成的辐射功能，逐渐向街区和社区发展转型。最典型的如田子坊，将创意产业与商业、旅游业、文化、居民生活等有机结合，为消费者提供了休闲环境，也探索了城市旧区改造的新模式。

市场运作方面，上海创意产业园区大致有 6 种建设模式，包括体制外企业投资运作、国有企业集团自行运作、大学投资建设、大集团合作、街道与经营者合作、行业协会牵头等，产权方通过市场化的方式吸引各类社会资本和专业管理团队参与运作和管理。近几年，不少园区从一般房屋租赁到提供完备物业服务，进而发展到以帮助企业孵化、开展各类咨询、提供金融服务、参与企业发展等注重园区服务能级提升和园区运营模式创新的新阶段，努力实现从园区运营者到区域产业撬动者、从二房东到服务集成商的转变。如德必集团为园区企业提供基础人才服务、投融资服务、品牌推广服务等七大增值服务，93.5%的创意产业集聚区还自行制定管理制度。一些园区企业已具有一定的辐射力和影响力，并逐步走出上海拓展空间。如徐汇软件园先后与济南、常州、马鞍山三地建立合作园区，纺控集团在文化创意园区规模和管理服务上名列前茅，圣博华康在全国投资和运营了8个文化创意园区。

从发展趋势看，文化创意园区从招商引资向帮助企业孵化、参与企业发展与园区企业共同成长转变，促进区域整体转型。园区的角色正在逐步发生变化，对区域发展的影响也随之深化。

在起步阶段，考虑商务成本和产业转型后员工安置问题，按照土地性质、产权关系、建筑结构三个不变的原则，改造老厂房，建立文化产业园区。目前上海的创意园区，2/3是由老厂房改建而成。八号桥、田子坊等园区成为具有上海地标意义的“人文景观”，在一定程度上丰富了城市的文化内容和文化特色，同时促进了全市和区县的产业结构调整。

在高速成长阶段，随着多个创意群体聚集，呈现出创意产业、旅游业、租赁业、房地产业等行业联动发展的格局，实现区域的整体转型发展。最典型的是宝山区大场镇。6年前，“动漫大场”的提出还引起过非议，现在已在业内颇有美誉。最吸引企业的是“动漫大场”一直着力打造的“最适合动漫企业成长的产业生态环境”：一方面从创业苗圃的孵化到引入总部企业，专注企业成长链的培育；另一方面专注产业链的培育，推进和实现“作品、产品、商品的联动发展”。从“铁大场”到“动漫大场”，从产业转型前的化工业、仓储业集中区，到动漫产业品牌聚集的文化大本营，带动了区域经济结构整体环境以及人口结构的调整优化。

进入成熟发展阶段，随着文化创意产业成为新的投资热点，在资本与企业之间，需要解决的是对文创企业的评估和服务的问题，这就要求园区经营者具有识别文创企业成长性的能力和为企业服务的能力。通过提供更好的服务培育企业成长，挑选、集聚和培育好优质企业，以降低园区租金等方式换取企业股权，为资本与企业的对接创造条件。这样，园区的经营者可以在新兴产业的创新发展模式中扮演重要角色，并从中获得更多收益。比如，德必文化创意产业发展有限公司在每个园区拿出一定面积，以免房租的方式换取企业的部分股权，用以扶持创意企业发展；宝山动漫衍生出的产业园盈利由物业收益、税收分享以及投资性收益三部分构成，投资利润占到利润总额的10%左右，未来物业收益会降到40%以内。

可以说，文化创意园区已经成为推动文化创意产业发展的重要平台和孵化器，在上海产业退二进三、创意创新氛围营造、城市景观改造等方面发挥了不可替代的作用。

从全市文化创意园区发展的做法和经验看，在历史文化底蕴挖掘、平台打造、品牌特色以及对区域发展的影响力和带动力方面，有很大的空间潜力可挖。借鉴全市经验，可从以下方面加大扶持和培育力度，发挥园区在调结构、促转型、提能级、增活力等方面的积极作用：

促进文创产业带连片集聚发展。从全市看，文化创意园区发展的关键是规模化和品牌化，这既是园区集聚企业的需要，也是文化创意产业形成产业链的必要条件。文化创意园区的数量在中心城区中并不少，但空间布局比较分散，单个园区的建筑面积较小，缺乏园区与园区之间、园区与街区之间的有效互动，产业氛围不足，制约了文创产业发展的整体带动效应。借鉴大场和张江的经验，连片、带状的组团式布局和产业投资式的运营模式是发挥规模效应的可行之路。对沿街建筑、集聚带内的单体园区进行整体的景观规划与再创，对沿街商铺进行业态调整，积极引入创意产品的销售、时尚设计产品的展示及文化创意产业相关行业，打造产业生态。将文化创意与挖掘文化底蕴结合，对沿街绿化带、马路改造赋予更多历史人文元素，融合产业园区与生活社区的功能，营造集聚带内“创意式生活”氛围。建立各园区间、园区内外企业间的互通合作机制，以实现全区创新创意类园区信息共享。根据“定位不同，政策不同”的原则，将政府有限的资源聚焦原创型、平台型、孵化型园区，鼓励打造公共服务平台，提升文化创意产业发展总体水平。

探索市区合作开发模式，借鉴杨浦、宝山等区的市区合作改造市属资源和建立公共服务平台的做法，有必要积极探索市区合作开发的创新模式。一是联合市属专业部门和单位搭建平台，建成一批产业孵化平台、投融资服务平台、技术创新平台、产品和产权交易平台。以服务平台、行业领军人物、核心项目的入驻带动园区的整体招商。二是整合区域内各类资源共建共享。在产权关系不变的前提下，鼓励社会资本参与，合作开发有利用价值的园区和建筑。可利用有历史风情的民居为载体，采用租赁合作的方式，转型发展文化创意产业。三是优先集聚发展创意设计业。创意设计业既从属于文化创意产业，同时也是专业服务业的组成部分，是"制造"向"智造"转变的关键，不适合大都市发展的产业完全可以借助创意设计，留住适合都市环境、附加值高的部分，对于全市产业结构调整具有重要作用。

"飞地"式、连锁式的扩张和经营是形成品牌和规模的可取经验，未来会形成在设计、建设、招商领域专业化竞争的格局，部分品牌园区、品牌管理公司会脱颖而出，占领主要市场份额。可以实施"走出去"战略。加强与外省市的沟通，在更大范围内寻找建筑体量适中、功能品质突出的厂房与房产资源，通过租赁合营、股权投资等多种合作方式，打造文化创意园区分园，吸引国内外优秀创意企业和创意人才集聚，提高市场竞争力和对区域经济的贡献度。同时实施"打开来"战略。中心城区地域面积小，居民密集度高，文化创意园区和居民社区犬牙交错，建设和运行中难免会产生矛盾。在今后的园区发展运营中，有必要充分利用现有资源，因地制宜、资源共享，推进文化创意园区与校区、社区融合。如向周边社区居民发放免费票或优惠券，鼓励周边社区居民更多地参与到园区中来；在社区介绍或征集最新的文化创意，在公共宣传栏、社区走廊打造文化创意产品展示平台，让文化创意融入居民生活。

三、中国的设计产业

千篇一律的外观低廉的价格、差强人意的使用感受，这曾是人们对中国电子产品的普遍印象。而现在，这印象得到了一定的改观，夏新的跳舞手机、TCL 的宝石手机、海尔的“小小神童”洗衣机等，在消费者的心目中留下了印记。它们的出世强烈地昭示着中国设计的觉醒。在高新技术产业中，技术的竞争首当其冲，而第二波竞争的重点就是产品的工业设计。在意识上已经觉醒的中国企业正在行动上奋力追赶，尽管这条道路注定漫长而布满荆棘。

推开玻璃门，迎面看到一排嵌在墙壁里的造型精巧的青铜器，在灯光照射下映出奇异的光泽，另一侧的墙壁里则放置了象征中国古文化中“五行”的彩色矿石。再走几步，你的目光就会被走廊两侧的画板所吸引，上面贴满了各种用色夸张且风格各异的图案，如建筑、家具、饰物和电子产品的图案。

看起来好像是一家博物馆吧？其实不然，这是位于北京上地西路 6 号的联想创新设计中心。径直往前走，就会看到另外一番景象：几位身着制服的工作人员正在电脑前研究一款电脑机箱的材质，很快，旁边的仪器就加工出了他们想要的亮晶晶的塑料样品。一位专门设计消费台式电脑的高级设计人员，站起身对记者说：“联想的设计团队在中国 IT 行业是一流的，每天都有源源不断的创意从这里诞生。”

在同一座城市，距离上地不远的中关村理想国际大厦 11 层，可以直接俯视北四环路上川流不息的车辆。28 岁的设计师周登峰刚刚完成了一款新型 mp3 播放器的设计草稿，他把草稿张贴在办公室门口的白板上，供大家一起评判。白板上已经密密麻麻挂满了设计图稿。这位戴着宽边方框眼镜、身穿牛仔裤和圆领 T 恤的设计师在华旗资讯工作已经有 3 年时间，但他从来没有感觉到厌倦，“这份工作挺有意思的”。

以上这些情景反映了一些领先的中国 IT 企业在品牌意识上的觉醒。中国 IT 消费人群的偏好取向正在发生迁移，他们不再将目光紧盯在产品售价上，而是关心产品的外观是否足够时尚，功能是否简洁易用。在这个级别的赛场上，国外选手占据了上风，苹果、三星、LG、索尼、摩托罗拉等公司生产的卓尔不群的电子产品受到了热烈追捧。这大大刺激了中国公司，一些有能力的公司开始奋起直追，联想、海尔、明基、TCL、华旗、夏新等本地企业成了追赶者中的佼佼者。

知道三星公司是怎样由韩国的无名之辈迅速跻身世界顶级品牌的

吗？诀窍之一就是优秀的设计。这家公司视设计为制胜法宝，在过去的4年里，其设计人员的数量翻了一番，达到近500人，并且其设计预算近年来也以20%—30%的速度攀升。“三星是利用设计提高品牌价值和扩大市场份额的典范。”美国伊利诺伊工学院设计学院的一位专家说。

中国企业有必要向这样的典范学习。与那些依靠造型新颖、工艺精细的产品成功赚取的巨额利润的国际跨国企业相比，中国的加工型企业拿到手的只是1%—2%的微薄利润。中国生产出世界上最多的电视机、电冰箱、空调、微波炉等，但在国际市场上却大多贴上了他人的品牌，即使是自有品牌出口，也因为工业设计和工艺包装上的落后而在价格上大打折扣，我国每年因此损失外汇200亿美元。

由于缺乏产品设计理念，中国企业的产品很难赋予品牌真正的生命力。因此，全球有很多销量巨大的产品是“Made in China”，但却不是中国的品牌，因为缺乏赖以成名的设计。现在行销欧洲的英国电信电话，在欧洲的市场份额已经达到了60%，尽管是由中国企业负责生产的，但英国企业却拿走了大部分利润，因为设计是英国人做的，中国的制造企业只能占很少的利润份额。

在很多人为中国成为“世界工厂”而兴奋的时候，另一些人却为此忧心忡忡。在高新技术产业中，技术的竞争首当其冲，而第二波竞争的重点就是产品的工业设计。据了解，日立公司的新增销售收入中，工业设计带来的收益占51%。

越来越多的中国企业意识到了这一点。海尔就是中国设计潮中的一名种子选手，在张瑞敏的“调教”下，这家年销售额高达100亿美元的中国企业正在进军世界市场。这是一个雄心勃勃的计划，为此海尔在设计领域囤积重兵，成立了单独的设计公司。1994年成立的海高设计公司，目前已成为世界一流的工业设计公司，在世界各地设立了6个设计分部、10个设计中心，能够整合世界范围内的设计资源。2002年，由海高公司设计的嵌入式酒柜和“小小神童”洗衣机获得了日本G-Mark设计大奖，这是中国工业设计产品第一次获得G-Mark大奖，该奖历年来都是由索尼、松下、本田等企业包揽。

四、创意产业的延伸——创意农业

创意农业起源于 20 世纪 90 年代后期。由于农业技术的创新发展，以及农业功能的拓展，观光农业、休闲农业、精致农业和生态农业相继发展起来；与此同时，创意产业的理念也在英国、澳大利亚等国家和地区形成并迅速在全球扩展。借助创意产业的思维逻辑和发展理念，人们有效地将科技和人文要素融入农业生产，进一步拓展农业功能、整合资源，把传统农业发展为融生产、生活、生态为一体的现代农业，即现在所谓的创意农业。

创意农业学以美学经济理论、总部经济理论、战略资本理论、附加值文化理论、消费教育理论为理论基础，以附加值文化为理论核心，瞄准世界农业高新技术发展前沿，着力构建创意农业理论创新体系，为形成城乡经济社会发展一体化新格局提供有力支撑，推进社会主义新农村建设。附加值文化理论的出发点和着眼点是充分调动广大农民的积极性、主动性、创造性，大力培育农产品附加值文化，改善农村生活方式，改善农村生态环境，统筹城乡产业发展，不断发展农村社会生产力，达到农业增产、农民增收、农村繁荣，推动农村经济社会全面发展的目标。

在中国，"创意农业"一词最早由全国政协副主席厉无畏在两会上提出："创意农业的特色及其优势在于能够构筑多层次的全景产业链，通过创意把文化艺术活动、农业技术、农副产品和农耕活动，以及市场需求有机结合起来，形成彼此良性互动的产业价值体系，为农业和农村的发展开辟全新的空间，并实现产业价值的最大化。"

中国第一家创意农业机构——洛可可创意农业，在实现农业增效、农民增收、农产品竞争力增强的愿景下应运而生。在广范围、多角度、长时间为农业园区设计规划方案，为农企和农产品提供创意服务，为特色农业项目提供品牌推广后，洛可可创意农业为提高农产品和农业附加值积累了丰富的实践经验，成为创意农业园区规划、农业企业、农业合作社和农民创富的有力帮手，受到中央电视台等各大媒体的争相报道。

在最近的中国创意农业发展论坛上，中国创意农业价值研究报告隆重发布，提出了关于实施中国创意农业的富民计划，并给出了如何打造创意农业万亿产业对策。与会者一致认为，创意农业将成为中国高端农产品市场的主力军，中国需要更多类似洛可可这样的创意农业整合机构，用专业的服务和新奇的创意激活古老的农业魅力。

五、中国文化创意城市榜

北京：被北京市政府列为创意产业的影视、出版等 6 个中心，多是自发形成再由官方认可。

上海：已经宣布启动 18 个创意产业集聚区。目标是和伦敦、纽约、东京站在一起，成为“国际创意产业中心”。

广州：背靠“亚洲创意中心”香港，广州天河区是广告、影视、媒体、IT 等创意工作集聚区。

深圳：深圳的创意产业主要包括印刷、动漫、建筑、服装等，目标是“创意设计之都”。

长沙：《超级女声》证明了长沙对于电视节目的创意。另外，“蓝猫”在销售近 3000 多个品种的衍生产品，长沙卡通艺术节开幕、金鹰卡通频道开播，长沙的创意城市特色有着独特的地位。

昆明：昆大丽（昆明、大理、丽江）向来被视为生活方式的典范，这里是手工业创意人群的天堂。

苏州：与其说苏州的创意产业在觉醒，倒不如说是上海的创意工厂落户在苏州。

杭州：杭州创意产业的标志是该市最大的设计联盟——LOFT49，这片运河边近万平方米的旧厂房汇聚了 17 家艺术机构。

三亚：世界小姐总决赛、新丝路中国模特大赛等诸多选美比赛都会在三亚这个城市落脚。

重庆：2005 年 1 月 5 日，中国创意产业高峰论坛在渝开讲。4 月 16 日，2005 中国（重庆）创意经济与城市商业开发高峰论坛又在重庆举办。重庆的迫切态度可见一斑。

成都：任何一个网络游戏发展商都不会忽略成都。2004 年，成都市就拥有近 30 万互联网用户，是全国三大数字娱乐城市之一。

厦门:2005 年 12 月 28 日,首届厦门(闽商)品牌与城市创意论坛举行。

西安:具备强大的文化竞争力,拥有全国数量第四的高校资源,人均教育指数在全国位居前列。

六、创意产业典范案例

(一)中国瓜果书创意产业基地:书,是用来种的

瓜果书最早起源于日本,日本最早致力于农业高新技术产业化研发推广,瓜果书的设计和制作发轫于创意产业的兴起和园艺科学理论的发展。在日本有机农业研究会的共同推进下,瓜果书应运而生。瓜果书,通俗讲来,就是一种“书本里能长出花花草草、瓜瓜果果的有机书”。但这个美丽的童话有着坚实的科学依据和基础。瓜果书,本质上是科学和设计的巧妙结晶;是结合了工业设计的先进理念和园艺科学的成熟技术,从而打造出的极具创新意识的工业产品。瓜果书里边含有有机介质、营养介质以及迷你种子。在日本,各地商场和书店均有瓜果书出售,诸如“番茄书”“黄瓜书”“茄子书”等应有尽有。这些外貌似书本的产品表面包装有防水纸,其内塞有石绒、人造肥和种子等。人们购回后按照其内附赠的种植说明,只要每天浇水,便能长出手指粗细的黄瓜、弹丸似的番茄、拳头大的黄瓜等。一般情况下,一本“番茄书”经培育可长出 150—200 个迷你果,一本“黄瓜书”可结出 50—70 条袖珍瓜。这种时尚新颖的创意产品一度在日本成为最为畅销的工艺创意产品。

瓜果书在欧洲、美国的发展日渐成熟。以美国为例,美国的瓜果书更加注重无土栽培技术在瓜果书中的应用,同时将瓜果书的外观设计加以多样化。

中国瓜果书创意产业基地在充分吸收日本、美国创意设计的基础上,自主设计研发出来的瓜果书系列产品开创性地集合了时尚创意和园艺科学理论的本质。国内瓜果书的设计和制作尚处于初期发展阶段,中国瓜果书的设计富有创意并体现了瓜果书的精髓。

(二)创意市集:创意产业生活化进行时

“创意市集”的概念源起英国伦敦,又称“时尚市场”,是由伦敦年轻设

计师、无名艺术家、热爱 DIY 手工艺者所组成的作品交流集会，后来逐渐发展为伦敦乃至全英国创意人才的“培养基地”。

在创意产业日益发达的今天，创意市集已成为全球经济发达的国家和地区展现民间创意能力和创意审美的重要场所。美国纽约，德国柏林，意大利米兰、都灵，荷兰阿姆斯特丹、西班牙巴塞罗那等许多全球知名城市，均辟出专门场地举办创意市集。创意市集正成为一个城市新型文化的展示基地。

圣马丁艺术学院视觉传播系硕士、台湾地区女设计师王怡颖首次使用了这个概念，她在《创意市集：伦敦 13 位艺术家、设计师访谈录》中，把设计师将自己创作的作品拿到市集上卖的形式称作“创意市集”。

国内率先引进“创意市集”概念的城市是广州。2005 年末，广州以“嘉年华”的形式，为国内青年设计师和敢于自主创新的年轻人开辟了一个创意交流和创意产品展示的舞台。备受时尚先锋们关注与推崇的创意市集日前在上海市杨浦区创智天地广场再次热力来袭，来自上海本地和全国各地的众多创意达人在创意市集别致有趣的摊位中，尽情展现和售卖他们“新鲜、潮流”的创意作品，紧紧抓牢了“淘宝者”们的眼球。

据了解，类似的创意市集在申城正越办越红火，有些已经成为许多年轻人每周必去的地方。市集的“摊主”多半是一些充满想象力的艺术家、设计师或手工艺者，贩卖限量制作的各种小东西：独立的影像书刊、手工娃娃、手绘 T 恤、挂件饰品等各种各样的小商品。市集上“独此一件，别无其二”的产品，不仅吸引了文化经纪人和创意产品生产企业的目光，更成为市民和游客追逐的珍宝。小小的东西往往价格不菲，但仍然吸引了络绎不绝的买家，那些满脸诚意地与顾客周旋且坚持着自己的开价的“创意达人”们自豪地说：“我卖的就是创意！”

创意市集是城市创意产业的推手。这是一个创意流行的时代。“创意不是只有设计师才能做的事”“创意让生活更美好”“创意创造价值”等创意理念，在大江南北，得到了青年们的广泛认同和响应，已经在北京、上海、天津、苏州、重庆等地流行开来。

但是，当这些创意追随者一路赶到“市场”这片天地时，“脱节”成了难以避免的现实。由于产品不是大批量生产，多数都是手工制作，因此在价格上要比普通产品贵出许多;但从手工价值上来看,这些产品一般也只能保本经营。如果要租赁店面,需要花费很大的资金,还要到相关部门进行登记注册等,这些都是创意市集创业者最为头痛的地方。一位专家介绍说,正是如此高成本的投入,所以许多创意市集的业主不一定次次都来摆摊,也导致了这些人没有固定的门店的现状。

文化创意产业对上海全市经济发展的贡献率逐年提高,已成为引领上海新一轮经济发展的支柱产业。据中国经济网记者了解,2013年,上海文化创意产业实现增加值2500亿元,同比增长10.1%,占上海全市GDP比重约为11.5%。2014年,上海文化创意产业增加值约占上海全市GDP比重的12%,提前一年完成“十二五”规划目标。

2010年,上海加入全球“创意城市网络”,被联合国教科文组织授予“设计之都”称号。目前中国工业设计研究院、迪士尼、东方梦工厂等世界级研发中心和重大项目已相继落户上海,自贸区文化市场开放政策正显现出桥头堡作用,这些都为上海大力发展文化创意产业拓展了巨大空间。上海目前正处于文化创意产业发展的黄金时期。

然而,美中不足的是,上海创意产业园区与普通市民互动、共享的效应不足,平时很少有非专业人士会到创意产业园区看看逛逛。专家认为,造成这种状况的重要原因之一在于这些改造自老厂房、老仓库的创意园区往往更多地还只停留在对空间的利用,而没有根据文化、经济、环境的需要,重新进行内容和功能设计,尤其注重其亲民、公益、共享的功能设计。而这恰恰是创意市集的专长所在。

一位创意产业园的经营者认为,创意市集是拉动整个城市创意产业,从大众入手最快最有效的发展模式。一个产业要发展成熟,就要融入大众消费生活中,创意市集或许正是把曲高和寡的创意产业导向生活化的开端。

(三)城市创意症候群

将用套鞋描绘而成的“鲤鱼”做成“年年有余”新挂件,把商品做成“广告服”穿在身上做促销,精品“搪瓷杯”因为印上了幽默、另类的图案而再次令人爱不释手,精致亮丽的零钱包、造型各异的立体书签都是绝对的抢手货。制作的原材料都是从十六铺、义乌小商品市场买来的，融入了“创意达人”们的金点子，果然就身价飙升。

有一家用袜子做娃娃的手工店铺很特别，叫“布三布四”。网络上，一位曾经参观过“创意市集”的网友在博客上写道：“袜子，那么容易被忽视的东西，在她的手里却有了鲜活的生命。”

有生命的东西自然就有价值。这些摆摊“秀”创意的才俊中，不乏已经创建了自己的品牌，甚至正儿八经开店做起生意来的出类拔萃者。

北京有个叫“陈幸福”的品牌，也是圈中的功成名就者。“陈幸福”是其设计者张啸吟偶然想起来的品牌名字，就像他设计的兔子和布猫一样，带着憨憨傻傻的幸福气息。这个有着武侠风格名字的人做过摇滚乐手、地下通道的流浪歌手，还在酒吧刷过杯子。成为“玩偶设计师”缘于一次很偶然的“显摆”，他把年前自己做的一个布猫发到论坛里，结果很多人来问，哪里有卖。他受到启发，开始着手大量制作布艺玩具。现在“陈幸福”有了自己的工作室和实体店面，玩具包装和网上的经营也日渐成熟，而张啸吟在每次创意市集上都大受欢迎。因为每天都要面对代理谈判、计算成本甚至品牌维权，张啸吟说他已经从一个创意者变成了商人。

国务院总理李克强在2014年提出了“大众创新、万众创业”的口号，相信会有更多的年轻人投身于创新、创意、创业的改革洪流，积极探索、勇于实践，从而推动我国创意产业的蓬勃发展。

(四)文化创意产业园

文化创意产业园是一系列与文化关联的、产业规模集聚的特定地理区域，是一具有鲜明文化形象并对外界产生一定吸引力的集生产、交易、休闲、居住为一体的多功能园区。产业园建设已经驶入了快车道。据《中国产业园区细分领域投资效益与战略规划分析报告前瞻》显示，截至2011年，我国国家高新区一共88家，上报统计的企业总计5.96万家，实现营业总收入13.16亿元，工业总产值10.49亿元，工业增加值2.74亿元，净利润7672亿元，出口总额3000亿美元，上缴税额6613亿元。其中，工业增加值占同期全国第二产业增加值的比重达到12.4%。2012年国家计划再升级16家省级高新区，届时我国国家级高新区总数将破百。

产业园区数量以及园区产业发展均呈飘升之态。

从地方经济发展趋势看，产业园区确实逐渐成为区域经济发展的引擎，带动着区域整体实力提升。但是不容忽视的是，由于产业地产开发及运营刚处于起步阶段，开发企业和运营商经验不足，加之在开发过程中会面临地方政府的干预，容易出现过度追求产值与税收、缺乏对园区系统科学的专业规划、吸引低成本和低税收的企业进驻等问题，容易引发区域集聚效应差、土地利用效率偏低、企业同质化竞争严重、忽视构建产业环境、配套不平衡、产业带动作用不明显等诸多问题。

文化创意产业园区基本的前提是文化生产与消费活动的呈现，文化产业的核心内容是创意，而创意灵感的获得往往来自于与其他同行相互接触的刺激。众多的活动，特别是多样化文化聚会地点的出现，为人们提供了相互交流以获取灵感的机会。因此，集聚地点的设置通常被纳入文化创意产业园的发展策略中。

文化创意产业园区应该具有多功能的公共领地。它提供人们聚会交流的空间，也为园区内的交易提供场所，这样一个区域将具有渗透性。成功的文化创意产业园区应是革新和创意的地方，在设计和欣赏方面经常是超时代的，并且这些超时代理念被带入园区的建筑设计、内部装饰，甚至重要街道和空间的照明等方面。文化创意产业园区应刺激新的理念，成为新产品和新机会能得以开拓、努力尝试的地方。因此，文化创意产业园区意义方面的特征体现在具有历史和发展意义、园区身份和形象及知识性、环境意识等方面。文化创意产业园有着不同的类型。

1. 国外的划分

根据功能将文化创意产业园分为四种类型：产业型、机构型、博物馆型、都市型。

(1)产业型。这类型的文化创意产业园主要是以地方文化、艺术和工艺传统为基础而建立的。此类园区的独特之处在于其“工作室效应”和“创意产品的差异”。

(2)机构型。这种类型的文化创意产业园主要是以产权转让和象征价值为基础而建立。其基本特征是有正规机构，并将产权和商标分配给受限制的生产地区。

(3)博物馆型。这种类型的文化创意产业园主要是以网络形态和历史原貌为基础而建立。园区通常是围绕博物馆网络而建,位于具有悠久历史的城市市区。其本身的密度能造成系统性效应,吸引旅游观光者。

(4)都市型。这种类型的文化创意产业园主要是以信息技术、表演艺术、休闲产业和电子商务为基础而建立,通过发挥艺术和文化服务,赋予社区新生命以吸引市民,抵抗工业经济的衰落,并为城市塑造新的形象。

2.我国的划分

由于文化创意产业园在我国的发展还处于胚胎期,因而对其的分类很少。结合我国实际情况,主要从区位依附、园区性质等方面对文化创意产业园的类型进行划分。

(1)按区位依附划分为四种类型。

第一种类型:以旧厂房和仓库为区位依附。城市中被废弃的旧厂房和仓库,因其宽敞明亮的空间及廉价的租金,或面临闲置空间再改造的境遇,往往成为文化创意产业园的又一滋生之地。国外许多成功的文化园区就是以旧厂房和仓库为区位依附的。我国较早出现的大山子艺术区依托于北京朝阳区酒仙桥路798工厂的老厂房。上海近些年成长起来的创意产业园区绝大部分也是由旧厂房和仓库改造而成。泰康路210弄的"田子坊"创意产业园区,位于上海20世纪30年代最典型的弄堂工厂群;建国中路10号的"八号桥"创意产业园区,位于上海汽车制动器公司的老厂房。这些创意产业集聚区利用现有建筑创造了创意产业发展的平台,又保护了历史文化财产,是文化产业与工业历史建筑保护、文化旅游相结合,建筑价值、历史价值、艺术价值和经济价值相结合的良好典范。

第二种类型:以大学为区位依附。大学作为技术的发生器,可以不断开发新的科技;同时它又是各类人才的聚集地,不但培养人才也吸引着各领域最优秀的人才;大学还是一个开放的社区,是一个提供多元文化的场所,大学往往成为创意的中心。因此,依托大学发展文化创意产业园也就成为一种重要的途径。如上海的杨浦区赤峰路建筑设计一条街依托的就是中国著名高等学府同济大学,上海长宁区天山路时尚产业园依托的是东华大学和上海市服装研究所,等等。

第三种类型：以开发区为区位依附。这类文化创意产业园主要是以高新技术产业园区为区位依附。因为高新技术产业园区内高新技术产业发达，高校、科研机构、高科技企业聚集，科技与文化相结合的智力型人才众多，最适宜发展文化与科技结合的文化产业。高新技术产业区有大量的信息产业，这些产业跟文化产业能够实现很好的融合。属于此类型的产业园，有位于中关村高科技园区内的中关村创意产业先导基地，位于大连市高新技术产业园区的国家动画产业基地，位于上海浦东张江高科技园区内的张江文化科技创意产业基地，等等。

第四种类型：以传统特色文化社区、艺术家村为区位依附。这一类型主要有两种情况：一种是依托一些传统的文化区域，这些区域文化底蕴深厚，文化氛围浓郁，利于开发特色文化产业园区。如四川德阳三星堆文化产业园、北京高碑店传统民俗文化创意产业园等。第二种是依托位于城乡接合部的一些艺术家村，有些是属于创作型的园区，有的则已形成产业化运作，如位于深圳市郊龙岗区布吉镇的大芬油画村等。

(2)按文化创意产业园区性质划分为五种类型。

产业型。一是独立型。园区内，产业集群发展相对比较成熟，有很强的原创能力，产业链相对完整，形成了规模效应。如深圳大芬村，以绘画艺术为主，已经形成一定的产业链条及规模效应，但原创能力不强。这是我国此类文化创意产业园普遍存在的问题。二是依托型。依托高校发展，也形成了一定的产业链条。如上海虹漕南路创意产业园，同济大学周边的现代设计产业园区，义乌市政府依托义乌工商职业技术学院设立的义乌市创意园，等等。

混合型。这种类型的文化创意产业园往往依托科技园区，并结合园区内的优势产业同步发展文化产业，但园区内并未形成文化产业链条。如张江文化科技创意产业基地、香港数码港等。

艺术型。这种类型的园区也是创作型园区，原创能力强，但艺术产业化程度还较弱。目前国内最有名的艺术园区有北京大山子艺术园区、青岛达尼画家村等。

休闲娱乐型。这类文化创意产业园区主要满足当地居民及外来游客的文化消费需求。最有代表性的是上海的新天地、北京长安街文化演艺集聚区等。

地方特色型。如北京高碑店传统民俗文化创意产业园、潘家园古玩艺术品交易区等。

文创产业园区的特色就是复合性，指的是它的综合性，包括设计、商业、交通、物流、农业、旅游、教育、餐饮及住宅，形成一个超级综合开发体：

(1)综合性的关联。综合的目的是要彼此呼应，互相拉动。所以各个单项产业与其他产业要能够联动，比如一个产业园区，就必须跟物流密接，而物流又需跟交通密接；而生产区也需跟住宅密接，以提供人员的生活起居，生活区必然要跟交通、商业密接；同时生活区也会跟设计、餐饮密接。让整个产业区内的各个分项独立而联动，必须制定详细的规划。每个产业区的条件与主题概念不尽相同，所以关联方式也会不同。

(2)交通流线的安排。交通永远是开发成功与否的一个前提，而且交通流线不但是各个分区的分隔线，也是连接线。当然按照交通流线的设计，还要细分主次干道。

(3)土地面积的分割。所谓分割，一是面积大小，二是代表土地使用的强度。面积是二度空间的大小，强度是三度空间的使用。这里面也牵涉到都市风貌，包括天际线的设计。

(4)主题的设定。主题特色的设定可能是顺应现有的主客观条件，比如原来当地已经有的某种主流产业或历史文化传统，属于主观条件；附近已有的旅游景点、交通要道等，属于客观条件。也可以用绿色建材产业、太阳能产业为主题，或者以设立设计中心、特殊教育学校为主题。

(5)启动区的规划。一个超级综合区的开发，如何启动非常重要。启动区在投入以后，要能够迅速产生回报，吸引更多更大的企业进入产业园。

综上所述，专家们普遍认为，加快发展创意经济，有利于加快产业结构优化升级，提高经济发展质量和效益，增强服务区域发展和参与国际竞争的能力。创意经济将成为新经济的引擎、推进经济转型升级的助推器。

理查德·佛罗里达在《创意经济》一书中，追寻创意经济兴起的足迹，明确了创意经济发展中的推动因素和限制因素，分析了全球对于人才的新一轮争夺和随之而来的挑战。他认为人才的全球化是创意经济的根本推动力。相对生产力的其他因素而言,人才更容易流动,他们能够选择自己的去向。作者按照创意阶层和一种新型的全球创新指数(依据科技、人才和宽容度),对世界上的45个国家进行了评级,提出吸引或者夺走全球各地的创造性人才的是那些成功的城市本身,而不是它们所在的国家或设在那些城市里的公司。同时,创意经济的兴起加剧了社会阶层的对立,在地图上形成了一条经济和社会鸿沟。创意经济提高了经济的不平等性,产生了巨大的地域差别,并且在领先的创新中心内部也产生了更大的不平等性。造成不平等的真正原因不是社会或道德问题。这种不平等实际上来自于一种对人才创造潜能的浪费。最后,作者勾画出未来发展的步调,明确究竟要做些什么,才能培育人才的创造性能力,并能在创意经济时代中繁荣发展。在创意经济的土地上,世界已在收成,中国却刚刚播种。全世界创意经济每天创造220亿美元,并以5%的速度递增,而美国则达14%,英国为12%。创意立国,中国不能输。中央高度重视创意产业的发展,各个省、市、县都在制定文化与创意产业政策,各级政府部门的决心都很大。目前,我国创意经济正以几何级数在快速增长,创意阶层的个人收入持续走高。

第五章　创意与创新篇

第一节　创意、创新的关联度分析

一、创意给创新插上腾飞的翅膀

理查德·佛罗里达说："哪里有创意，哪里就必定有技术创新与经济增长。"如果说创意是一颗颗散落的珍珠，那么创新就是一条精美的珍珠项链。创新的最大价值在于它为商业创造了财富。创新来源于创意，但高于创意。"意"更在于出发点，"新"更注重结果。从需求、产生环境、保障机制、可实现性上来说，创新和创意都是不同的。创意常常是天马行空的，创意的结果和过程不一定能够准确面向商业应用，而创新更需要执行力和制度的保障，创新包含一个研究和实践的过程，而且任何一家创新的公司都一定会举出创新在企业中的利润体现。目前，中国正经历三个重要的经济转型：一是以工业为主向以服务业，特别是以现代服务业为主的转型；二是以投资拉动经济增长向以消费拉动经济增长的转型；三是以外延扩张为主向以创新驱动为主的转型。随着经济的高速发展，中国工业化面临日益严重的规模扩张与资源、环境、技术、人才和体制等方面的约束，面临三农问题和西部发展问题等难题，迫切需要转变传统的增长模式。因此，大力发展文化创意产业已成为顺利完成经济转型、增强中国自主创新能力、推动产业结构优化升值和实现经济发展方式转变的必然选择，也是从"中国制造"向"中国智造""中国创造"转变的必然选择。

二、创新的内涵

创新是一个古老的词，起源于15世纪，"创新"一词的英文是innovate

(动词)和 innovation(名词)。根据韦伯斯特词典的定义,其含义有引入新东西或新概念(to introduce something as or if new)和制造变化(to make change)。

1912 年,经济学家约瑟夫·熊彼特将“创新”概念引入经济学,提出“创新理论”。可以从以下几方面理解创新:

(1)作为一个普通词,包括时间意义上的新、地理意义上的新、知识产权上的新。

(2)作为一个经济学专业词,“创新”的“新”指知识产权意义上的“新”,而不是时间意义或地理意义上的“新”。

(3)作为一个管理专业词,“创新”的“新”指的是知识产权意义的“新”,而不是时间意义或地理意义的“新”。如技术创新、知识创新、制度创新等,其“创新”的“新”指的是知识产权意义上的“新”。作为专业词,创新具有两个基本特点:一是世界范围内的第一次;二是显著性变化。这是判断创新的两个基本指标。

三、创新的特征

(一)创造性

创新是解决前人所没有解决的问题,不是模仿,再造,而是面向未来,研究未来,创造未来。

(二)高价值性

创新是人类实践活动的社会本性,是人类社会不断向前发展的不竭动力。

(三)风险性

创新的风险性是指创新者由于对客观环境(因素)的认识不足或无法适应,或对创新过程难以有效地控制而造成创新活动失败的可能性,这种不确定性即是创新的风险性。

(四)动态性

创新是一个动态的过程,创新效益的实现也就贯穿于整个创新活动之中。

(五)快速性

成功创新的显著特点之一是快速创新,做到“人无我有、人有我新、人有我特”,注重创新时效性,争抢头口水。

创新既是一个过程(一种行为),也是一种结果。作为一个过程创新是在世界范围内首次引入新东西、新概念或制造新变化的过程或行为;作为一种结果,创新是在世界范围内首次引入了新东西、新概念或制造新变化。

没有创新就没有进步,但创新不是万能的。有些创新是无效的,有些创新是负效的。提高创新能力,要求我们提高创新效率,减少无效创新,避免负效创新。

四、创新的规律

(一)抽象思维

抽象思维也称逻辑思维,是一种求同性思维,不论是由个别到一般的归纳法,还是由一般到个别的演绎法,目的都是求同。它撇开事物的具体形象而抽取其本质,因而具有抽象性的特征,还是一种运用概念、判断、推理来反映思想的过程。如牛顿的力学第一定律,即任何物体只要没有外力作用,便会永远保持禁止或匀速直线运动状态,就是归纳推理的结果。

(二)形象思维

形象思维又称为直接思维,属于感性认识活动。这是一种借助具体形象来展开思维的过程,带有明显的直观性和鲜明性。如德国化学家凯库勒在研究有机化学物苯的化学结构时,长期思考而未能解决。有一天他睡觉时梦到了好多条蛇,每条蛇都咬住自己的尾巴,形成六角形结构。凯库勒正是通过对蛇的形象思维发现了苯环结构,这个设想使有机化学彻底革新。

(三)灵感思维

灵感思维是一种突发式的、特殊的思维方式,又称为顿悟思维,在创新中处于关键性阶段,表现了创新的高峰期,是人脑的高层活动。往往是在“山重水复疑无路”时,出现了“柳暗花明又一村”,因而人们十分珍视灵感的出现。如，爱因斯坦从1895年开始，经过10年的沉思和研究，灵感才忽然降临，才有了闻名世界的狭义相对论。

(四)风险—收益原理

创新具有风险—机会的共生性、风险—收益的对称性。仅就技术创新而言，技术创新中的机会，形成了技术创新活动的激励力，而技术创新中的风险又成为进行创新的逆向阻力。

(五)周期—成本原理

仅以技术创新而言，早在20世纪60年代，麦克迪和迈尔斯等人就相继提出过技术创新项目成本问题，认为创新活动的起始时间越晚，开发周期成本越低。

五、创新的分类

创新是一个具有丰富内涵的专业词。为了深刻理解创新，促进创新和对创新进行管理，有必要对创新进行分类。

(一)按创新的形式分类

1. 发现式创新和发明式创新

发现式创新是指获得对客观事物及其规律的新知识。像社会理论的创新、自然科学的发现等，都是属于发现式创新。

发明式创新是指获得关于如何做的新知识，进而设计和创造出现实中还不存在的东西。如技术发明、新的产品的设计、体质的创新、工作方法和载体的创新等等。发现式创新是发明式创新的前提条件。

2. 实验性创新和经验性创新

实验性创新是指一种高度自觉和理性的设计活动，它有明确的目标，有经过周密论证的设计和实验方案。经验性创新是指一种自发的活动，创新只是经验活动的一个副产品。实验性创新是自觉的创新，经验性创新是自发的创新。

3. 突破性创新和渐进性创新

突破性创新是一种赢得市场信赖的设计，是一种竞争者和创新者可以用以支配市场上的追随者的设计。渐进性创新则主要是在主导设计下改进产品，改进工艺，提高质量，降低成本，扩大生产规模，改进营销服务，不断地使附件和款式新颖，等等。

（二）按创新的内容分类

1. 理论创新

就是在对事物发展规律认识不断深化的基础上，对原有理论体系或框架的新突破，对原有理论和方法的新修正和新发展，对理论禁区和未知理论的大胆探索，进行理论创造和理论发展的过程。理论创新活动是社会创新体系中一个非常重要的内容，其重要性表现为它能够为其他创新活动提供强大的思维推动力，能够推动社会实践的发展。

理论创新离不开"创"，即创造。结果表现为"新"，这种"新"表现在三个方面和三个层次。三个方面：一是理论体系，二是研究内容，三是研究方法。三个层次：一是突破原来的整个理论体系、理论框架，如社会主义市场经济理论取代社会主义计划经济理论。二是在原有的体系和框架基础上，对若干内容甚至若干原理等有所突破、有所修正，进行新的改写，增添全新的内容和修正创新。三是对理论上的认为禁区或认识上的未知领域进行积极和大胆的探索。

2. 科技创新

是人们根据生产实践和自然科学原理所创造和发明出来的全新的各种生产、生活的技能与手段，是一个特定区域内以前从未出现的技术形态，这种新的技术形态具有全新的技术内容，对人类社会的生产发展起到了一种全新的推动作用。科技创新严格地说包括两个方面：一是科学创新，属于基础理论；二是技术创新，属于基本应用。任何一个国家的创新都是以科学创新为基础，以技术创新为手段和途径。科学创新就是通过科研活动的基础研究与应用研究，增加科学知识的总量，以及用新的知识通过实验去发展和创造新的应用。技术创新是使科学创新的知识形态，向现实的生产力转化，并转化为国家经济实力和综合国力的内在动力活动。

3. 管理创新

由于管理的性质和对象不同，管理创新的内涵也会不同，但具有一定的共性。管理创新的公共含义可以概括为:管理创新是创造一种更为有效的整合组织资源的范式;管理创新不仅是一种新的思路,更是一种已经实施并证明有效,并能在同类组织中推广的思路;管理创新可以是创设一种新的组织结构,提出一个新的管理方式方法,设计一种新的管理模式,建立一种新的管理制度等。具体到企业的管理创新,芮明杰教授在《管理创新》一书中,对企业的管理创新是这样阐述的:管理创新是指创造一种新的更有效的资源整合模式。这种模式既可以是新的有效的整合资源已达到组织目标和责任的全过程式管理,也可以是新的具体资源整合及目标制定等方面的细节管理。

4.企业创新

最主要的特点是新颖性和具有价值。新颖性主要包括三个层次:世界新颖性,局部新颖性,主观新颖性(只是对创造者个人来说是前所未有的)。具有价值与新颖性密切相关,世界新颖性的价值层次最高,局部新颖性次之,主观新颖性更次之。

5.知识创新

引入知识和知识载体的一种新的组合和应用,即知识创造价值的过程。

第二节 经济危机与创意、创新

一、经济危机与创意营销

著名创意经济学家厉无畏认为全球经济危机的爆发,迫使我国企业转型升级,走自主创新之路。换言之,“危中之机”推动了创意经济的蓬勃发展。

现代市场营销实践与理论的发展,在很大程度上得益于企业对危机的思考及反应。市场营销理论诞生于20世纪初的资本主义经济危机时期,当时的美国为了解决农产品的运输问题,逐渐发展起营销这一扩大消费市场的知识体系。之后,由于供给与需求之间的巨大矛盾,1929—1933年的经济危机使企业不得不前所未有地积极推销产品,这种做法促成了销售策略与部门的发展。到了“二战”后的20世纪50年代，由于战争创伤导致全球经济不景气，无论内需还是国际市场都受到重创，在此基础上出现了崭新的现代营销观念。70年代的石油危机则推进了国际营销和社会营销的大发展。

今天，我们同样面临新的营销创新机遇。随着企业的供应能力越来越强，而市场需求并没有同期跟进，产品出现滞销状况。所以，当代企业需要研究如何寻求更有价值和更为准确的营销机会。也就是说，要进行营销理论的创新和进行创意营销的实践。

经济危机的本质从宏观层面来讲是有效需求的不足，如投资需求受到抑制，消费需求出现疲软，以及出口需求严重受阻。从微观层面看则是投资和消费信心的不足。比如，宏观经济不景气影响投资信心，收入预期不稳定影响消费信心。需要指出的是，经济危机影响的是消费者的消费信心而不是消费能力。所以，如何在危机之后让消费者重拾信心是取得营销成功的关键。

目前，新一轮的经济危机正在消退，世界经济进入了后金融危机的调整阶段，但也许新的危机还在孕育。经历过经济危机的中国企业应当如何重新寻找新的总体营销机会，如何寻求新的营销突破之道？一言以蔽之，应当把重点放到顾客价值创新和重构价值定位方面。具体途径有三条：一是推进战略创新，谋求市场转换；二是探索模式创新，突破成长极限；三是策划技巧创新，实行创意营销。

(一)顾客价值创新

人们常说：“吹尽黄沙始见金。”沃伦·巴菲特也曾说过：“只有退潮的时候，才知道谁在裸泳。”我国经济的快速成长掩盖了很多企业的战略缺陷。如果企业要获得进一步发展，其市场营销就必须引入顾客价值创新的观念。

当中国房地产和汽车行业的几乎每一个企业都赚得盆满钵盈的时候，企业很少会去思考今后的发展方向以及公司在产业链中的定位。另外，中国市场竞争不充分，常常给不少企业，特别是垄断企业，不劳而获的机遇，得到所谓的战略利益。这些企业很可能只是在营销策略上做了一点表面文章，并以此赋予它的战略收益社会伦理的光环。中国电信业和航空服务业的情况就是这样。同时，中国消费社会的来临，让任何庸俗的营销战略都可能取得不俗的业绩，看看脑白金的成功就可以明白这一点。

以上三种情况在很大程度上扭曲了企业对市场、产业机会的看法，从而导致很多企业以为在营销战略上不需要有自己的思考和能力储备，只要有机会就行。

经历经济危机后，我们的企业开始了反思。最需要关注的一点就是自己能够给予客户什么样的价值。我们认为应该“咬定青山不放松”——中国企业营销必须坚持顾客价值导向，对这一观点的理解需要注意以下方面。

(1)顾客导向不等于顾客价值导向。很多企业把顾客放在很重要的位置，但对顾客关于价值的理解却是有偏差的。比如，自从CDMA被中国电信接手之后，不少顾客明显感觉到的变化就是备受短信骚扰，每天都收到不少于4条的垃圾短信。这种做法貌似从客户需求出发，却没意识到每个客户的需求是不一样的，需要分别对待。对某人有价值的信息，对其他人而言可能就是垃圾。

(2)顾客价值不等于概念价值。一个很有趣的现象是，我国不少企业把顾客价值通过概念价值表达出来，而这个概念价值的背后或多或少装的是企业的利益。我们知道蒙牛是概念营销的成功实践者之一，它推出了“草原奶”概念，创造了常温奶销量超过鲜奶的销售神话。不过它也遇到了搬起石头砸自己的脚的困境，这就是“OMP事件”。前两年蒙牛号称自行研发了OMP优质牛奶蛋白成长因子，并以此导入高端牛奶品牌——特仑苏。但一些专家发现，根据蒙牛对OMP成分的描述，这种成长因子可能含有致癌成分。于是，蒙牛辩解说特仑苏中并不含有OMP，而是另外一种从新西兰进口的成分。蒙牛管理层给出的最新说法是，这个的确是管理上出现的漏洞。这一现象反映了中国企业营销的一个突出问题，即企业常常为了自己的利益而通过概念价值把顾客给绑架了。

(3)价值创造不等于价值传递。这就是说企业创造的价值并不一定能够很好地传递给客户。上海有一位经理人推出了一种“阳光助老服务”，可以在紧急状况下帮助老年人。这一业务通过短信和电话等手段进行运营，顾客每个月交很少一点钱，很方便。但是，到目前为止，用户规模根本不够维持运营开支。虽然他想了很多办法，包括寻求政府的支持，但是效果并不理想。我们认为根本原因还在于他没有为其服务找到一个合适的价值传递手段，也许整合性、捆绑型的营销方法比较适合这一项目。

(4)价值传递不等于价值感知。这也是家电下乡和汽车下乡的一些实践给予我们的启示。因为农村消费者对于汽车、电视的品质要求跟城市消费者可能存在不同，所以常常出现企业提供的好产品不受欢迎，而企业认为不太合适的产品反而受追捧的局面。

所以，在后经济危机时代，企业需要思考怎样做好价值创新的工作，包括价值重塑与价值回归。我们认为其中一个手段就是要解决好所谓弹性营销的问题。在经济危机时代，首先被压缩掉的产品价值常常是需求弹性比较大的那部分。这给我们一个启示，那就是针对不同的客户，企业需要研究他们不同的弹性需求，从而给出相应的价值组合，这样才能适应经历经济危机之后的顾客的多样化需求。为此，企业需要处理好三个问题的平衡或取舍：是强调质量为本还是营销为本？是追求核心价值还是延伸价值？是注重功能价值还是情感价值？从总体上来看，危机时代，应该多去掉泡沫、弹性的成分，回归到以产品质量为本的核心价值层面，尤其不能以营销手法掩盖质量问题。在后危机时代，企业要考虑多样化营销，创意营销手段，注意大众市场与小众市场的区别，即在面对大众市场的时候需要偏向质量为本、核心价值和功能价值，在面对小众市场的时候则更需注重营销技巧、延伸价值和情感价值。

总之，后金融危机时代的中国企业营销必须坚持精益营销的观点，套用古语就是“致广大而尽精微”。精益营销包含四个方面：一是精准营销，寻求更适当的顾客；二是精耕营销，寻求更深度的顾客互动；三是精心营销，寻求更细致的管理，这是一种强调人性化的营销管理模式；四是精益营销，寻求更卓越的效率。

(二)创意营销实践创新

创意营销实践创新可以分为营销战略创新(Strategic innovation)、营销模式创新(Schema innovation)和营销技巧创新(Skill innovation)三种途径(统称为“3S创新”)。后经济危机时代,中国企业的营销正需要从这三个方面的创新着手。

1. 营销战略创新

在我们看来,营销战略创新是指发现市场价值缺口,并通过创造和传递价值以弥补这一缺口的创意及其行动。

在经历过经济危机之后,我国企业应当尝试发现市场价值缺口的重要方向:一是在逆境中寻求机会,重点是分析和挖掘市场潜在的刚性需求。即使在最为困难的危急时刻,市场也存在相当大的刚性需求,比如对基本消费品、工业品的质量需求,这是企业营销创新与发展的基础。为此,企业应当能够及时调整自己的产品或服务组合,从满足顾客的次级需求过渡为满足顾客的初级需求。另外,由于市场的有效需求总是不平衡的,因此会出现危机中孕育机会的可能。比如,休闲娱乐产业常常在经济低迷时出现反周期的增长现象。美国在2008年经济危机爆发后,麦当劳餐厅的数量应声激增,服务业指数也随之提升。

二是要学会通过价值链的重组,创造价值增长机会。经济危机常常带来价值链的重组或变化,因此,通过产业链纵向上下游的移动可以开发企业新的业务战略或竞争优势。比如,宝钢、中铝在经济危机时期的后向一体化战略表明了这一机会的存在。另外,经济危机也告诉中国企业,当前我国出口导向型产业的升级也迫在眉睫。如何通过工业化与信息化结合,通过制造业向服务转型来实现价值提升,是这些企业未来发展的关键战略路径。

2. 营销模式创新

当前,市场营销学界已经形成了对未来营销逻辑走势的总体判断,那就是以产品为导向的传统营销逻辑日渐式微,而以服务为导向的现代营销模式日益兴盛;以有形资产、价值嵌入为方式的交换将被以无形资产、价值互动创造为方式的新型交换所替代。总的来说,产品营销的时代即将过去,服务营销的时代已经到来。

具体来看,到底如何实现营销模式的创新呢?可以从以下几个方面努力。首先,要反思顾客价值的定位。其次,要寻求盈利模式的创新,包括价值转型。比如,用服务替代产品,变一次性交易为多次、分期的付款,或通过价值分拆、价值再造来提升原有产品与服务的价值等。再次,要对关键资源和关键流程进行一定程度的变革。比如,在经济危机之后,上海东方商厦经过分析毅然决定由传统零售转向关系零售,主要依赖会员制等顾客忠诚计划带动营销业绩的增长,取得了很大成效。为什么?因为传统零售很难保证顾客的持续光顾。于是,东方商厦根据自身业务结构的特征,即50%以上的收益来自于固定的几千人的现状,成立了大客户管理部门,并持续开发专门针对大客户的营销活动。这种有针对性的营销模式可以减少营销成本以让利消费者,提高产品价值,最重要的是可以提升顾客的忠诚度。

3.营销技巧创新

关于营销技巧的创新,我们向大家推荐文章奎尔奇和约兹发表于《哈佛商业评论》的文章《衰退时期的营销之变》。该文洞察了经济危机导致的衰退心理,并指出与家庭有关的营销理念是今天最值得推崇的,因为当下人们所需要的正是家庭所给予的温馨和安全感。文章指出,企业的营销投资的准则是,该花的钱一分都不能少,可以节约的钱则一定要捂紧钱袋。其中,该花的钱就是与营销直接相关的部分以及必要的广告投入。在奎尔奇看来,广告费用是绝对不能省的,因为它是连接产品与客户的重要纽带。他们指出了经济衰退时期可以采用的三大营销策略,即精简产品组合、改进产品定价以及加强信任,其中加强信任是客户关系的核心。

营销技巧的创新主要表现为产品、市场、品牌和管理等方面的创新。在经济危机时期,企业常常遇到的问题是产品与服务不能两全齐美的矛盾。究竟是追求经济型还是奢华型,是鼓励客户DIY还是提供集成化方案?也许经济危机之后,企业就需要给不同的顾客提供不同的价值组合,这是营销技巧创新的总体方向。

关于市场创新,中远置业(博鳌)公司的实践很有启示价值。该公司经营的酒店本来主要是依靠如"博鳌论坛"等会议来生存与发展的,是典型的B2B营销模式。但在经济危机时期,很多公司都尽力压缩会议开支,把普通会议改成电话会议、网络会议等。同时,也恰恰因为经济危机,很多顾客赋闲在家,需要通过旅游舒缓心情。因此,中远置业公司及时决定从B2B的市场转向B2C市场,并积极与旅行社联系,实现市场转化,尽力减少经济危机所带来的不利影响，实现了收益的稳定增长。

此外，企业还要追求品牌创新。比如，美特斯·邦威在经济危机中上市并获得市场的肯定。因为它有很好的销售渠道且成本较低，尤其在品牌创新方面有自己的特色。所以，危机过后美特斯·邦威服装的增长非常迅速，并在品牌拓展和品牌合作方面走在了全国服装业的前列。这也许是后经济危机时代中国企业营销创新的一个标本型案例。

最后，企业还需要管理创新。后经济危机时代，值得企业考虑的重要营销管理问题包括是否所有的价值链环节都要由本企业来完成，是否与顾客之间的接触都需要面对面来进行等。通过管理创新来降低成本、提高效率，是每个企业必须持之以恒的创新之道。

二、后金融危机时代企业创新的对策

(一)金融危机下企业创新的机遇分析

任何事物都具有两面性，金融危机也是如此。在一般研究中，学者们较多地关注金融危机的风险与挑战，却对其正面意义认识不足。从熊彼特的经济周期及创新理论来看，金融危机也是经济发展和创新成长的必然过程。熊彼特的创新理论认为，经济增长是一个长期过程，创新也是长期的、痛苦的过程，经济发展就是“创造性破坏”的过程，它将破坏旧的产业及生产方式，让新的产业和生产方式有崛起空间。对于企业来说，金融危机就是企业创新成长的重大机遇。具体说来，金融危机可给企业创新带来以下机遇：

1.金融危机可以促进企业技术、产品等的创新和升级

产业结构不合理，产业升级滞后是爆发金融危机的一个重要原因。从产业内的企业个体来看，根源就是企业的创新和发展没有跟上市场经济的需求，企业没有及时对自身技术、产品更新换代，没有提升自身服务质量，从而导致整个产业结构不合理，不符合经济发展的需求，使产业链处于老化和固化的境地。一般来说，发生金融危机的国家往往经历了一段时期的经济高速增长，因而对产业结构调整的不当和滞后没有给予足够的重视和防范，当金融危机到来时，所有问题就暴露出来。金融危机迫使企业进行技术革新、产品升级和服务提升，从客观上促进了产业结构的

调整，加速了产业的合理化、高级化，推进了产业结构的优化升级。虽然危机的发展会造成一些企业倒闭，但这同时也是企业发展壮大、整合兼并及升级换代的契机。世界经济发展历史经验证明，扩大成熟的行业市场份额通常会逐渐向大品牌集中。中小企业在面对危机的时候应该扩大市场份额，在产品更新、管理模式创新、品牌打造、品牌附加值提升等方面做好应对之策。

2. 金融危机可以促进企业向集约型、循环型成长方式转型

企业创新的根本目标和要求就是达到低消耗、低成本、高质量、高效益，从企业成长方式来看，创新就是要使企业走向集约型和循环型成长之路。中国企业的发展，尤其是重工业企业的发展，这些年来一直走一条粗放型的成长道路。这种成长方式的主要特点就是高消耗、高污染、高投入、低效率、低产出、低效益。这种方式不仅消耗了极大的能源，还造成了严重的环境污染。在金融危机的严酷环境下，这种成长方式将被加速改变，被更加依赖创新的集约型、循环型的成长方式取代。集约型、循环型成长方式的基本特点就是企业通过创新来提高资源质量和利用效率，实现企业成本和社会发展成本的降低，促进企业经济效益和社会效益的增长，追求低消耗、低成本、高质量、高效益的企业可持续发展的目标。当金融危机来临时，各企业本身就缺少足够的资金来扩大生产规模，加之由金融危机带来的市场萎缩、成本上升等，使企业不得不转型，通过创新使用新技术、新工艺来提高生产效率，降低生产成本，从而使成长方式向集约型和循环型转变。

3. 金融危机为企业提供了海外并购和人才猎取的机会

美元贬值、人民币升值，美国金融危机给中国企业提供了难得的淘“便宜货”机会。金融危机的发生给国内企业带来了并购国外一些高新技术企业和一些制造性企业的机会。显然，次贷危机后美国的大部分银行倒闭，货币市场处于严重的瘫痪状态，人力资本市场供求严重失衡，直接导致海外企业融资困难，财富资本缩水，为了生存和可持续发展不得不寻求国际合作伙伴。这样的大环境使中国企业直接从并购中获取高新技术和品牌产品的机会大大增加。而对于国内的企业来说，其生产技术、工艺和产品附加值一直处于全球产业价值链的低端，与西方发达国家相比确

实有很大差距，在技术、产品设计、流程再造等方面发展和不断创新能很好地把握住这次机会，在同国际企业协作过程中，不但要把其高端技术引进来，而且要学会消化吸收变成自己的核心技术，突破国内企业发展的技术瓶颈，进而提升本土企业的国际竞争力。从另一方面看，在创新中最缺乏的不是资金，而是创新型人才。金融危机导致了欧美很多企业破产或是大量裁员，很多高级技术创新人才面临着失业，这就为中国企业获取创新型人才和高新技术人才提供了机会。

4.金融危机促进了企业之间的协同创新合作

金融危机的发生，使很多企业遭受了重创，尤其是主要依赖出口的企业，和这些企业直接或是间接相关的企业都会受到不同程度的影响。企业之间的协同创新合作，应对危机，就成为产业链上企业的同舟共济之途。比如，河北钢铁集团的成立和2010年4月对石家庄钢铁股份有限公司的成功收购，极大地提高了进口铁矿石谈判话语权和国际地位，提高了技术研发和科技创新能力和危机下抵抗市场风险的能力。同时，包括联想、海尔、长虹等企业都在使用视高科技提供的视频会议租用解决方案，他们利用这个稳固、安全、优质的信息交流平台在全球范围内每天进行无数次的远程会议，做到企业内部重要信息适时通报，市场问题随时解决，在最短时间做出决策。视高协同视频会议系统租用服务不仅能为大量企业提供完善周到的信息服务，同时也为他们节省了大笔的差旅费开支，成为企业在金融危机的非常时期保证开源节流的最佳合作伙伴。要想实现突破性的创新是非常困难的，在经济危机时期更是如此。必须合纵连横，集约社会力量，联合战略伙伴协同创新。企业之间这种协同合作客观上不仅避免了自身资源资金不足的困难，也推动了企业间技术的交流交换，提升了企业组织的学习力，增强了对金融危机的抵抗力。

5.金融危机促使企业对危机防范机制进行创新

危机管理这一概念是美国学者于20世纪60年代提出的，是一种企业为了预防、转化危机而采取的一系列维护企业生产经营的正常进行，使企业摆脱困境、避免或减少企业财产损失，将危机化解为转机的企业管理的积极主动行为。要进行危机管理，首先就要厘清危机的原因。分清金融危机产生的原因会让企业对危机的防范有更深的认识，帮助企业采取相应的措施以防范危机再次发生。危机管理还要求企业从面对危机及解决危机的过程中学习、总结和创新，找到一套适合企业的危机防范机制，建立危机管理制度。目前，中国企业在这方面还处于极不成熟的阶段。因此，通过对危机的认知，采取积极措施，防范金融危机，就成了当务之急。

（二）金融危机下企业创新的困境分析

从消极的角度看，金融危机给企业创新带来了一系列的挑战，造成诸如市场萎缩、资金短缺、消费减少、产品积压等考验和挑战，对企业创新进程而言是不小的阻碍，导致不少企业陷入创新与生存的"囚徒困境"当中。

1.企业创新的头号困境就是资金匮乏，成本压力大

金融危机的发生导致经济不景气，经济不景气导致收入下降、需求不足、购买力下降，进而影响到市场萎缩，市场萎缩直接影响企业生产经营，企业盈利下降，部分企业艰难度日，一些企业甚至陷入瘫痪状态和破产。在这样的情况下，企业削减投入、降低成本势在必行，但是无论是削减人力成本还是研发资金，对企业的创新都只起到减缓作用。因此，对于企业来说，到底是要坚持创新还是要削减成本，是一个进退两难的选择。

2.企业的经营管理困境

金融危机肆虐下，企业经营环境极度不稳定，给企业的管理环境带来了高度不确定性。企业创新时不仅要应对金融危机的影响，还要考虑技术的变迁，顾客需求的多样化与个性化变化，以及危机时期政府政策变化等，这一系列因素对企业创新的影响很大。在危机影响下，管理环境变化的幅度、速度、不可预测性和影响比以往任何时候都更加强烈，管理环境的巨变增加了企业创新失败的风险，导致企业为了减少失败风险，宁愿削减成本以安度危机，也不愿意增加投入进行研发创新。也有一些企业原本就没把创新放在应有的位置，而在金融危机面前，创新更是成了企业的"鸡肋"，甚至被企业所抛弃。究其原因，主要有以下四个方面：第一，部分企业本身处于企业发展体制转换之中，尚未形成创新的内在动力和机制，因此企业不存在创新。第二，很多企业在金融危机时，最先想到的就是削减生产成本、减少人力成本和降低研发投入等措施，根本没有意识到只有

创新才是走出危机的根本出路。也就是说，企业管理者并没有认识到创新的真正价值，在思想观念上不重视企业创新。第三，对于现在的国内民营企业来说，大多数企业规模小，实力弱，存活艰难，根本没有创新的资本、技术和人才，也就是没有创新能力。在这种情况下，就只能一味地仿照别人，抄袭别人，成为山寨企业，部分企业甚至连“山寨”都做不下去，只能倒闭破产了之。第四，部分企业在金融危机的胁迫下走入旧的发展惯性，害怕创新失败，于是只能在长期不变的生产方式和经营方式中勉强度日。

3. 企业传统文化观念的束缚

企业的文化观念，是指企业组织内的主流文化观念。企业领导者，不但要开发创新成果，也要注意培植既有企业特色，先进的企业文化，为企业创新创造良好的文化氛围。部分中国企业家信奉“中庸之道”，认为凡事过犹不及，中庸的思想导致中国人不愿冒险，企业的经营者有厌恶风险的心态及行为。其次是爱“面子”的观念导致企业家畏惧冒险。企业家在生产经营中，为保全“面子”，不求有功，但求无过，所以不敢贸然冒险。这一点对于在金融危机中的中国企业来说是致命的缺陷。所以，思想方面的冲突形成企业创新中高风险性与维持现状的矛盾。

企业创新是一个系统工程，其过程不仅复杂而且风险较高。风险是由于各种因素的复杂性和变动性的影响，使实际结果和预期发生背离而导致利益损失的可能性。据美国《幸福》杂志报道，新产品开发的失败率为 8.715%；美国的风险企业，10 个中有 2 个完全失败，6 个受挫折，只有 2 个成功，这 2 个之中只有 1 个真正获得巨大的经济收益。日本学者对 200 多个技术开发项目案例的调查显示，真正成功的项目在 10%以下。据中国有关部门对全国 10000 多个新产品开发项目的调查，70%的项目取得技术成果，仅 11%的项目开拓了市场。这些还仅仅是在经济景气、没有危机的情况下的调查研究结果。

(三)后金融危机背景下企业创新的对策

很多世界级大公司因为从不放弃技术创新，所以金融危机和经济危机不仅没能击垮他们，反而成为其做大做强、跨越式发展的难得机遇。对于国内企业来说，怎么样坚持创新，实现发展仍然任重道远。在笔者看来，至少要采取以下几方面的措施，促使企业坚持创新，实现跨越式发展。

1. 坚定创新信念，在创新中降成本谋发展

中国的企业管理者受中国传统文化的影响，比较害怕失败，不敢承担风险，“好面子”，中庸思想比较严重，旧观念根深蒂固就成为企业创新的桎梏。行动从思想中来，思想支配行动，企业要在金融危机中生存，就必须创新；企业要创新，就必须进行思想观念的革新，要抛弃头脑中那些“中庸之道”，抛开“好面子”的想法，勇于承担风险，勇于支持创新。在金融危机情况下，企业创新首先要注重观念的不断革新，持续关注市场变化、技术革新、成本降低、信息更新等内容，尤其是管理者要有支持创新的魄力，要有只有创新才能生存的思维。只有这样，才能迅速适应金融危机，改变自身现状。

金融危机使消费者的收入减少，需求降低，市场萎缩，企业盈利下降甚至亏损，尤其是对于那些以出口贸易为主的企业来说，金融危机使得出口大幅降低。在这种情况下，降低商品的价格就是企业生存的法宝之一，可以通过降低商品价格来扩大出口，抢占更多国际市场份额。问题来自于那些利润本来就比较低的企业，一再降价必然导致企业陷入亏损。因此以降价来达到渡过危机的目的难以实现，为了度过危机，就只有削减成本一条道路。而创新则给企业解决这一问题提供了一条捷径，企业通过技术、产品和服务的创新来降低成本，不仅可以使得企业安度危机，还能使企业站在技术领先的地位，在未来的竞争中获得优势。因此，从这个角度来看，企业创新带来的不仅是生存下去的目标，还有竞争的优势。比如，世界化工巨头杜邦公司，在大萧条前后的 11 年里，共投入 2200 万美元和 230 名科技人员，于 1938 年成功研制世界上第一种合成纤维——尼龙，一举奠定了全球合成纤维工业的基础及在化学工业的领军地位。

2. 管理创新，突破管理瓶颈

金融危机带来的复杂环境和挑战，让企业管理陷入管理困境，固定不变的常规企业管理已经不能适应环境的变化和危机的挑战，企业必须在管理上进行创新才能降低风险，走出危机。对于不同企业来说，集权与分权、专业分工与流程再造、组织变革与人员削减、管理创新应该也必须向

着人本化、柔性化、网络化、知识化进步。企业要想持续成长，持续创新，就需要根据自身的具体情况，搭建一个制度化、系统化的管理平台，建立适合企业创新的管理模式及管理方法，以推动企业各项创新为指导，从而为企业安度金融危机提供管理保障。

以深圳市万兴软件有限公司为例。该企业是中国最大的消费类通用软件出口企业，尽管技术与资金都不是太大问题，但该公司管理层认为在金融危机的背景下，管理最大的难题在于效益不能随着企业规模的增长而提升。因此，万兴公司通过搭建企业基础架构，解决组织架构需求，改变了过去的直线职能型组织结构，建立起"大平台小团队"的矩阵式双层基础架构，各个部门组成底层平台，依托构建在底层平台上的灵活机动的事业部，快速进入了一系列产品领域。

3.保障制度支持，搞活企业融资模式

企业，尤其是中小企业，融资不畅一直是困扰我国企业发展的瓶颈，尤其是当前全球金融危机给实体经济发展带来的危害不断加深，中小企业发展更加困难，融资难问题更加突出。要打破制度和观念束缚，就要鼓励优质的企业和投资者向那些有潜力的中小企业参股投资。目前，为支持中小企业应对金融危机，中央银行、银监会、各商业银行已经出台并将陆续出台放宽贷款标准额度等一系列措施。但是，我们也必须清醒地认识到这些短期资金只能解决中小企业流动资金不足的燃眉之急。在这次百年不遇的全球性金融危机中，我国的中小企业，特别是创业型、高成长的中小企业，不仅仅需要生存条件，更重要的是需要一个解决成长和发展所必须资本金的平台，即资本市场；同时，还要加强对企业知识产权等无形资产评估体系的研究，制定出科学的评估体系和方法，以知识产权作价，使科技型中小企业从银行获得贷款，特别是通过风险投资机构进行融资，以帮助企业走出危机。另外还要启动民间资本，让民间资本来解决企业融资的资金来源。

4.鼓励自主创新和成果转化，实现技术、产品、服务升级改造

现阶段，由于自主创新不足，国内山寨企业风行，山寨产品遍布。虽然这在短期内帮助企业度过了危机，但是从长远来看，由于缺乏自主创新能力，缺少自主知识产权，我们的企业发展仍处于产业链尾端，仍然只是

一味地模仿、制造，产品技术含量和附加值不高，不能给企业的长远发展带来竞争优势。因此，支持企业或者企业之间的合作，支持企业建立技术产品创新中心，提高自主创新能力，提高产品技术含量和附加值，打造自主品牌，就成为企业追求的目标。同时，应用自身的创新取得的成功，进行企业技术、产品、服务等的更新改造，促进企业的产品升级换代和产业转型，从而使企业顺利渡过难关，实现持续发展。另外，我国有众多的高校和科研院所，这些机构具有强大的自主创新能力，能够研究出很多适合推广的自主创新产品和技术，但缺乏将之转化的渠道和途径，使得这些自主高科技技术和产品的转化并不尽如人意。因此，推动这些高校、科研院所与企业合作，进行研究成果的转化，也是企业快速创新和走出危机的快捷途径。

（四）企业创新案例分析——浙江永康成为“最稳定经济板块”的秘密

1. 创新让企业经受住了考验

浙江永康旺达公司（以下简称旺达公司）是全国同行业首批成功转型的企业之一，进入“政府绿色采购”视线，被确定为“建设部工程建设招标与采购重点推广产品”，销量重新实现大幅提升。而就在半年前，旺达公司生产的散热器外贸订单从每月 80 万片锐减到 30 万片，企业的产值利润都大幅缩水。为保持散热器销售“恒温”，旺达公司不等不靠，一方面，继续拓展国际市场，把客户群逐步向俄罗斯等东欧国家转移；另一方面，投入 400 多万元进行技术改造，提高生产效率和产品质量，并在国内市场进行布局，参与了散热器行业标准的制定，拿下市场“话语权”，提高了企业在行业中的地位。公司总裁刘晓天高兴地说：“危中有机。国内外对散热器需求还是比较旺盛的，由于国外订单的减少，反逼我们提早在国内布局，抢得了市场的先机。”

面对席卷全球的金融危机，浙江永康的企业善于化“危”为“机”。浙江永康天鑫公司（以下简称天鑫公司）是一家生产休闲用品的企业。仅 2009 年 3 月，就有 100 多个集装箱共 4000 多万元的大蹦床等产品“蹦”到世界各地。“这得益于公司坚持专业化生产。”公司总经理俞振贤说。当很多企业将踏步机、健腹器等健身产品当作休闲娱乐的产品生产时，天鑫公司却一直坚持按照专业健康产品的标准去生产，严格把握质量。

机会总是垂青于有准备的人，“旺达”和“天鑫”仅仅是永康企业应对危机的一个缩影。尽管受到国际经济“大气候”影响，但永康企业勇于在逆境中求生存、求发展，在国际市场萎缩的情况下积极应对市场变化，实行“两手抓”：在内部，有针对性地开发新产品，提高产品技术含量，变粗放型管理为“精耕细作”，多做降低成本的“瘦身运动”；在外部，则变单一的外贸市场为内外并举，一方面积极开拓国内二级市场，另一方面大力拓展国外新的市场，寻求发展新机遇。应对危机措施得当的永康工业企业，“活”得很舒坦，并纷纷着手为下一轮发展做积极准备。继 2009 年 3 月 7 日 11 家企业赴广东东莞招揽到 100 多位人才之后，4 月 1 日，由永康市委、市政府组织的第二次集体“揽才”行动，又从东莞当场揽下 299 位五金专业人才，为企业的可持续发展做好人才储备。

2. 完整产业链夯实经济基础

如果说创新让这些企业成为“最稳定经济板块”中的“活跃分子”，那么由这些“分子”构成的稳固产业链，就是“最稳定经济板块”的“骨骼框架”。“2008 年永康经济表现能够相对抢眼，这得益于我们有一条完整牢固的产业链。”时任浙江省永康市委书记徐建华说。在永康，每个产业都由几个龙头企业、一大批配套厂家以及成千上万的家庭作坊工业组成，金字塔塔基结构扎实，产业链牢固。如防盗门、无烟锅、厨房设备等行业，从龙头到龙身再到龙尾组成完整产业链，在对抗“狂风暴雨”时，能够保持牢固，整个经济体也就相对稳定了。一个城市仅靠一两个企业，是不可能带动一方经济发展的。“在培育产业的过程中，既要培育行业龙头企业、中间骨干企业，更要培育一大批小型家庭配套企业。只有潜下心来，通过若干年精心耐心的培育，才能打造出一条完整的产业链。这也才是区域经济持续健康稳定发展的动力源。”徐建华说。改革开放 30 年以来，永康市坚持不懈为打造一条五金产业链努力，从当初的走街串巷补锅、修锁，发展到现在能制造汽车和成为国内外知名的“五金之都”，成功的秘诀就是能够耐得住寂寞，能够坚持下去。

3. 政府的“有形之手”功不可没

正是在这样的指导思想下，浙江永康市长期坚定不移地培育五金产业集群，培育适合企业生长的滋润土壤，为企业创造发展的动力源。从2007年开始，永康就开展了“百名干部下企业，千方百计解难题”活动，全市涉企机关干部，组成若干工作小组奔赴企业一线，为企业排忧解难，当年就解决了537家企业的672个发展难题。2008年的“百名干部回企业，真心实意解难题”活动，共解决难题424个。2009年的“双百干部三回企业，解难题抓分离促发展”活动，也深受企业欢迎。永康正是以解难题、大会战、送温暖等多种形式为载体，解决了上千个沉积多年的企业难题。永康市还通过实施“810”和“3510”工程，培育扶持企业上市，大力实施“品牌培育、质量提升”等工程，引导扶持企业做强做大。2008年全市销售收入5亿元以上工业企业已达20家，其中10亿元以上企业11家，15亿元以上企业4家，30亿元以上企业1家。已有17家企业着手开展上市工作，5家企业完成了股份制改造，其中两家已启动境外上市。

政府搭台，银企“唱戏”。一年一度的政银企洽谈会，成了企业融资的新平台。2013年政银企恳谈会后，有如下了场“春雨”，在450家重点推荐的“三有”小企业中，434家有资金需求的企业得到支持，贷款支持率达96.4%，贷款余额达38.75亿元，实现产值227.64亿元，同比增长13.09%。2014年以来，这批小企业在金融部门的“滋润”下笑对逆境，茁壮成长。如果这些只是永康市委、市政府发展壮大五金产业的“常规动作”，那么跳出工业抓工业，发展以生产性服务业为特色的现代服务业，正是永康推动经济转型升级的战略新举措。

从2007年开始，永康市委、市政府就郑重提出了打造“中国五金总部中心”。的确，发展“总部经济”，永康已打下了厚实的家底，五金产业已占该市工业产值的90%，占生产总值的60%，占财政收入的80%。永康也已拥有全国最大的五金专业市场，中国五金博览会成为全球的五金盛会，每年都吸引了10多万中外客商。“发展‘总部经济’，提升企业在‘微笑曲线’两端的附加值；建设‘五大中心’，为企业发展搭建公共服务平台，减少企业的经营、研发、营销、运输等成本。”根据《永康总部中心建设规划方案》，永康市已在中国科技五金城与永康经济开发区相邻的1000亩土地上，建设总部、会展、通关中心，在经济开发区建设物流与科技创新中心。从2008年开工以来，目前总部中心4幢总部大楼建设进展顺利；开工建设会展中心；物流中心一期营业房已进入装修；科技创新平台一期工程建设全面完成，五金产品质量检测中心、电动工具质量检测中心和防盗门产品检测中心三个省级检测中心已投入运行，一期中试孵化厂房已投入使用；海关、商检永康办事处投入运营，2008 年集装箱通关量达 1 万多标箱。另外，2009 年该市还要抓好国家级非公路机动车实验室、国际物流中心、五金工业创意设计中心等立项和建设，进一步构筑公共平台，为企业提供全程服务，吸引企业把行政、销售、核算和研发中心建在永康，打造五金产业的“总部中心”。

通过发挥政府资源的导向作用，与工业生产相关联的服务业从整个生产过程中分离出来，建设基础性、普惠性的公共服务硬件平台，大力发展生产性服务业，促进工业向产业高端化和产品高附加值化发展，促进块状经济向现代产业集群转变，形成生产性服务业和五金制造业双轮驱动、良性互动的新局面。以生产性服务来推动五金产业转型升级，永康市也期望逐步改变目前经济增长过分依赖工业支撑的状况，提高第三产业比重，优化产业结构，加快构筑现代产业发展的新格局。同时，打造精品新城区、完善城市功能、提高城市品位和竞争力。

永康市出台了旨在优化产业结构、促进经济转型升级、壮大地方财力的一系列政策，如《推进工业企业分离发展服务业实施方案》，并修订了《关于鼓励第三产业发展的实施办法》。市政府专门成立推进工业企业分离发展服务业工作领导小组，本着“依法、可能、双赢、重点”的原则，引导一批生产规模较大、分离需求和空间较大的骨干企业进行分离发展服务业。通过鼓励企业分离发展服务业，把与工业生产相关联的设计、研发、货物采购与运输、销售及售后服务等生产性服务业从整个生产过程中分离出来，并引导集聚，形成专业化、精细化、规模化发展效应，从而推动服务业与制造业的互动发展。目前，永康已对 47 家企业进行试点，为地方赢得增量财力近 7000 万元。2008 年永康第三产业比重占到 31.1%，同比增加了 0.5 个百分点。

“经济转型升级是一个全球性的命题，能否成功实现经济转型升级，一定程度上决定着一个国家或地区的竞争力及其在国际产业分工中的地位和话语权。”永康市委有关领导说，“我们认为，只要深入贯彻落实科学发展观，推动五金产业转型升级，实现二、三产业互动发展，我们就有信心抓住危机中的机遇，再造产业优势，实现新一轮发展。”

4. 浙江永康经济稳定发展的启示——后经济危机时代民族产业发展之路

首先，文化之道。文化是企业的灵魂，企业不能没有灵魂，没有文化的企业，犹如无源之水，只能是昙花一现。很多知名企业在全球化过程取得巨大成功，根源是因为企业的人的因素发挥效应，其核心是人的思想、道德、观念以及价值准则。而要达到这种认知的统一，必须打造企业的灵魂，也就是文化建设。企业能做多大取决于企业的境界与追求，无理念、无文化、无追求的企业不可能持续发展。一个企业要建立自己的文化之道可归纳为四点："What"代表我们要不断弄清楚企业"是什么"，即要明确企业的愿景；而"Why"是要明确企业的使命；"Where"代表了企业发展方向，做好规划；"How"帮我们来明确我们的核心价值观是什么。

其次，产品之道。第一要品质为本。现在市场竞争已从以智取胜发展到以品质取胜的时代，能人经济文化时代已经过去，决定企业命运的根本因素是产品的品质。第二要建立标准体系。在自动化的产业领域，我们还在使用别人的认证标准，最终我们的产品只能获得很小部分的回报利益，还往往受到其他国家的认证体系的刁难。自动化产业要发展，就要打造自己的标准化体系，使中国标准也作为国际标准之一。第三是成本优势。企业要形成新的成本优势机制，要从主要依赖"血拼"的低价格优势转变为更有效的综合成本优势。无论是一个产业还是一个企业，要健康、稳定、快速的发展，关键不在于你的高、你的远，而是踏踏实实地做好今天的事，做好你现有的产品。企业要健康、稳定、快速的发展，就要踏踏实实地做好你现有的产品。高标准、严要求，踏实做好产品的每个细节，高品质才能赢得高回报。

再次，品牌之道。产品的塑造一般会经历三个时期——产品主导期、营销主导期和品牌主导期。而在后经济危机时代，品牌主导效应愈发明显，并且将在相当长的时期内产生影响，导致市场格局的变化。我们的民族品牌应该逐步发展到中国品牌，直至成为全球品牌。品牌体现着企业产品的身份，品牌能将企业产品的价值有效提升。

最后，创新之道。创新是企业生命之源。从技术到产品，到管理运作、经营模式，到公司治理结构，都需要不断创新，不但要方法创新，更重要的是做到观念创新、文化创新。创新体现出来的是差异化，主要包括产品、技术、质量、服务这四个方面。首先，要开发有市场需求的产品，为客户服务；其次，要深入了解行业客户的特殊需求，把客户的要求体现到产品中，让客户能更方便、更简单、更可靠地使用产品。技术研发方面，总结三个字来说，就是专、精、深。要密切结合用户特殊需求进行产品创新，针对技术前沿进行技术创新，体现出差异化的优势。随着产品差异化的逐步缩小，服务的质量就和产品的质量同样的重要。我们要不仅仅局限于技术咨询和售后服务方面，也要贯穿于产品的研发。同时，完善国内外售前和售后服务体系，以快速、有效的服务方式为客户解决问题，提高全球用户对中国民族产业品牌的信任度。中国自动化产业协会向各个企业发出产业使命的倡议：让我们携手共进，为实现从“中国制造”到“中国创造”、从“世界工厂”到“创新大国”的转变共同努力，“以中国创造建设国际品牌”。

第三节　知识经济、文化创意与创新经济

一、知识经济概述

(一)知识经济的定义

20 世纪 70 年代以来，对未来经济出现了许多不同的观点。1982 年托夫勒在《第三次浪潮》中提出“后工业经济”，1984 年奈斯比特在《大趋势》中提出的“信息经济”，1986 年英国弗赖斯特在《高技术社会》中提出的“高技术经济”，1990 年联合国研究机构首先提出了“知识经济”的概念。6 年后，经济合作与发展组织(OECD)出版了题为《以知识为基础的经济》的年度报告，在报告中明确定义：知识经济是建立在知识和信息生产、分配和使用基础上的经济。

我们正处在经济发生巨大变革的时代，随着现代高新科学技术及其他产业的迅猛发展，以高科技产业、信息产业和人的智力资源为基础的时

代已经开始出现，以大量消耗原料和能源为特征的工业经济时代正在丧失昔日的优势，曾经荣耀了一个多世纪的钢铁、汽车等产业正在接受电脑和网络的改造。这一切标志着一种全新的基于最新科技和人类知识精华的时代已经悄悄走来，这就是知识经济时代。

(二)知识经济的类型

在知识经济中，知识是人类迄今为止通过思索、研究和实践所获得的对世界认识的总和。知识按其性质可分为四种类型：

第一种类型：知道是什么的知识(know what)，是指关于事实方面的知识。如中国的人口是多少，埃及在哪个洲。

第二种类型：知道为什么的知识(know why)，是指原理和规律性方面的知识，如地球运动规律、市场经济规律等。

第三种类型：知道怎样的知识(know how)，是指满足人们某种需要的技艺、技巧和能力方面的知识。

第四种类型：知道是谁的知识(know who)，是指谁知道某种事物或事实，谁知道如何做某事的知识，实际上是关于管理的知识和能力。

(三)知识经济的特征

知识经济是一种全新的经济形态，与工业经济相比，它的主要特征体现在以下六个方面：

(1)知识经济是以高新技术为依托的经济。

(2)知识成为核心生产要素。

(3)知识经济时代的效率标准是知识生产率。

(4)管理的重点在于努力发挥人的创造力。

(5)知识经济是可持续发展的经济。

(6)更新知识是保持竞争优势的关键。

二、知识经济的实质是创新

(一)创新是经济增长和社会发展的根本源泉

创新是一个民族进步的灵魂，是国家兴旺发达的不竭动力，一个没有创新能力的民族，难以屹立于世界先进民族之林。在人类文明史上，技术创新一直是经济发展的重要原因之一。随着新的技术革命发展，自然资源已不再成为经济发展的关键，一个国家、一个行业、一家公司获取竞争优势的关键在于它能获取知识的多少，能够取得多少创新。

在现代社会，创新在国家经济中的主导作用越来越明显。大到一个国家，小到一个企业，没有创新就只能徘徊不前，既没有新的增长点，也没有竞争力，其结果只能被对手打垮。企业是创新的主体，企业创新是增强企业市场竞争力的内在要求，企业竞争力实际上就是企业创新能力。

(二)知识经济是创新经济

经济增长是一个“创新——扩散——再创新”的过程。传统的经济学，如古典经济学、新古典学、凯恩斯经济学乃至战后的各种经济学派，都认为物质是稀缺的，遵循“稀缺原理”以及“生产函数”和“收益递减规律”。然而，战后世界经济出现了长期持续增长的趋势，经济增长的趋势呈现出一条不断上升的波动曲线。1948—1984 年美国劳动生产率每年增长 2.5%，经济学家称之为“神奇的继续增长”。1984—1994 年工业国家仍处于继续增长，用传统的理论难以解释这种新的经济增长的原因。

最先向传统经济学提出挑战的是熊皮特。他认为，经济均衡是暂时的，以创新形式出现的知识是经济增长的发动机。20 世纪 80 年代后期，美国斯坦福大学教授罗默提出“新增长理论”，把技术创新和知识看作是经济发展和推动的力量。这种理论认为，知识是内生的，它能够增加投资收益率，主要原因就在于此。后来，卢卡斯则把外生的技术转化为人力资本并引入梭罗模型，把人力资本积累当作经济长期增长的决定性因素。新增长理论对知识(技术进步)的重视，实际上就是对创新的重视。他们所说的知识是不断创新的知识，只有不断创新才有知识增长。知识经济是创新经济。

三、创意推动经济创新与增长

(一)文化创意产业的发展推动了经济结构的调整

文化创意产业是在全球化条件下，社会进入信息休闲时代的背景下，以消费时代人们的精神文化娱乐需求为基础，以高新科技为支撑，以文化为依托，源于个人的创意与技能，通过知识产权的生成和取用，使这种创意与技能创造财富并增加就业的新兴产业。

1. 文化创意产业丰富了产业结构的内容

产业结构亦称国民经济的部门结构，包括国民经济各产业部门之间以及各产业部门内部的构成。社会生产的产业结构或部门结构是在一般分工和特殊分工的基础上产生和发展起来的。无论是按照两大部类的划分方法（分为物质资料生产部门和非物质资料生产部门），还是三次产业分类方法（农业、工业、服务业），或者是按照资本的密集程度划分方法（资本密集型产业、技术密集型产业、劳动密集型产业），都对产业结构进行了分类。文化创意产业是与艺术、文化、信息、休闲、娱乐等精神心理性服务活动相关的，满足小康状态下人们精神文化娱乐需求的新兴产业，是精神消费与娱乐经济融合发展的新载体，是推动消费方式的转变和消费结构升级的现代服务业，开拓了艺术型、精神型、知识型、心理型、休闲型、体验型、娱乐型的增长方式。在当下需求更具有精神化、心理化、个性化、独特化特征的时代，消费的时尚化、浪潮化，使得文化创意产业从根本上改变了过去固化的稳态工业发展模式，以无形的创意和文化作为发展的核心，这一转变进一步丰富了产业结构的内容，是一种新的产业类型。

2. 文化创意产业是产业结构升级的推动力量

中国幅员辽阔，改革开放后虽然各地的经济都有了很大的发展和提升，但总体仍然存在很大的落差，发展不平衡现象比较严重，区域差距明显。在区域经济发展方面，优势区域从来都是具有高附加价值的产业逐步替代低附加值的产业，并将低附加值的产业向不发达的区域转移。由于历史的原因和对机遇的把握能力不同，形成了东高西低的态势。而低附加值产业的发展需要依靠更多的资源投入、劳动力投入、能源消耗和污染排放。长期发展下去便形成持续健康发展的瓶颈，从而阻碍区域经济的长远发展。因此，要改变区域发展不平衡状况，需要大力发展文化创意产业，推动产业结构转型升级。

3. 文化创意产业可以带动相关产业的发展

文化产业还是关联性很强的产业，它的发展能够有效带动其他产业的共同发展。文化产业对其他产业的带动作用主要体现在两个方面：首先,文化产业能够促进与它相关的物质生产部门的发展。其次,文化产业能够有效地提高其他产业的文化含量,进而发挥带动其他产业发展的作用。这种无形的带动作用一般是通过丰富的文化产品对劳动者素质的影响来实现的。比如,文化娱乐业推动旅游、宾馆、餐饮、交通演艺市场;广播影视产业带动音像、影像、游戏软件、家电、通信设备、广告展览等产品及服务市场;各类先进的文化设施的建设,能够有力地推动高科技转化为市场优势,并带动建筑业、演出业市场的发展,推动服装业美容业及各类延伸产品市场。

(二)经济的发展反过来又促进了文化创意产业内部结构的调整

苏东水教授曾说过:“产业结构的演进与经济增长具有内在的联系。产业结构的高变换率会导致经济总量的高增长率,而经济总量的高增长率也会导致产业结构的高变换率。”文化创意产业结构的演进也不例外。文化创意产业结构作为宏观经济结构的一部分,与经济结构的变动密不可分。在经济增长达到一定程度,只有调整经济结构才能实现经济的可持续增长。中国目前的经济形势从总体上看,传统的资源供给约束型经济正在向市场需求约束型经济转变。文化产业结构也发生了深刻变化:改革政策密集出台,体制创新活跃。

(三)文化创意产业本身可以赢利,是新的利润增长点

在当代,以传媒、娱乐、旅游、教育、咨询、会展等为代表的文化创意产业的发展速度已经超过了其他产业,不断创造着财富的神话。《英雄》《十面埋伏》的海外票房分别高达 11 亿元和 4.5 亿元。更加令人关注的是,郑和下西洋的史实被外国人写成《1421:中国发现世界》,赚到 1.3 亿英镑;《三国演义》被日、韩改编成游戏后,再回到中国赚得盆满钵盈。文化产业具有的巨大盈利能力,正在为许多国际知名企业带来高额利润。这一功能也是文化创意产业发展强大的主要动力。文化创意产业既是经济发展到一定程度的产物,也是带动经济向前发展的动力,不仅可以促进经济结构的调整,也可以促进经济发展。在当前世界经济低迷,国内经济遭遇发展瓶颈的形势下,大力扶持文化创意产业,已经不是经济危机背景下的权宜之计,而是经济长远发展的必然要求。

第六章　创意案例篇

第一节　创意产品、广告案例

一、创意产品案例

(一)F-ONE 体感输入指环

鼠标由诞生那一天至今,功能和外观基本没有什么很大变化,最大改变可能是由机械式到光电式的转变。最近,深圳六麦科技公司开发出一款有机会取代传统鼠标的输入设备——体感输入指环 F-ONE。只要将它戴在手指上,就能通过凌空中划动手指,对指针进行不同方向的移动操控,它无须固定某个姿势来操作。

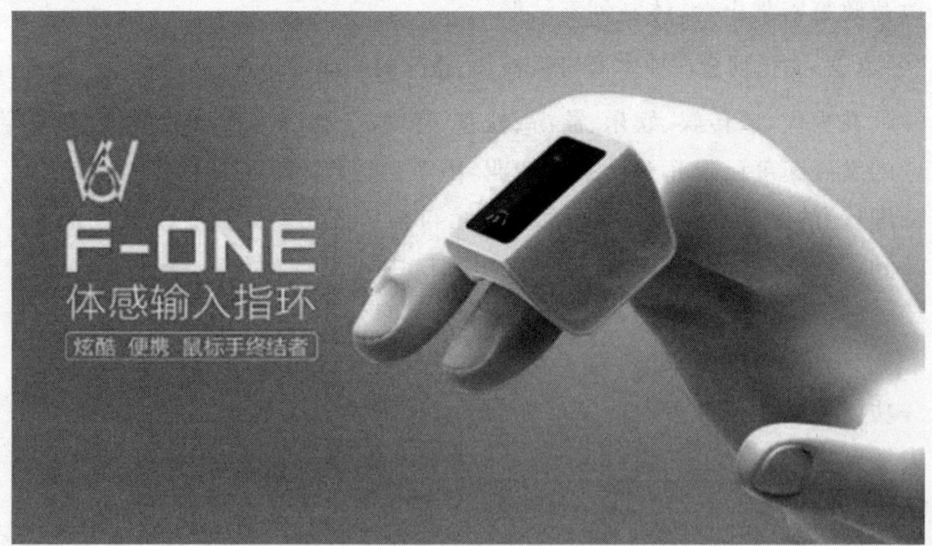

图 6-1　F-ONE 体感输入指环

(二)自行车 LED 把手套

HueRay 是一款硅胶自行车把手套，内置 LED 闪烁模块，有多种鲜艳颜色可供选择。装上它夜间骑车时把手两边就会闪烁，引起其他行人和司机注意，安全性就会大大增加，白天不用时可以将 LED 闪烁模块取下。模块内置 200 毫安锂电池，长亮状态可持续 6 小时。

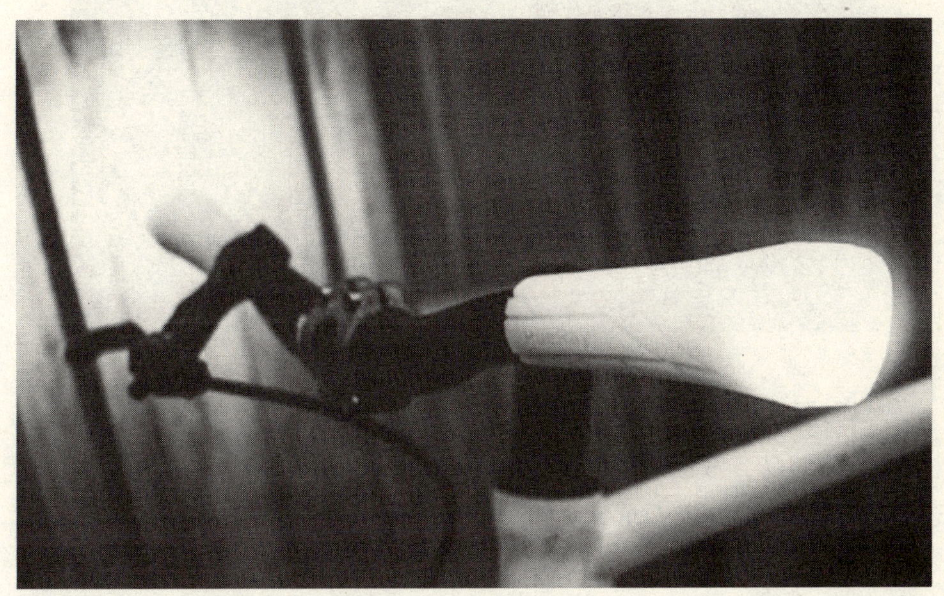

图 6-2　自行车 LED 把手套

(三)外骨骼助行器

一项研究表明，我们小腿上的腓肠肌肉群有一个特别的作用，就是可以缓冲步行时产生的动能。美国一些科学家利用这个特点，研发了一种助行外骨骼设备，将它捆绑在脚跟与小腿膝盖处，当我们步行时，后面的弹簧就会吸收/释放产生的动能；当脚掌蹬地时缓冲了动能的弹簧就会释放，助推脚掌发力，如此循环，帮助我们走路更加轻松。据介绍，戴上这个外骨骼相当于承重减轻了 9 斤。

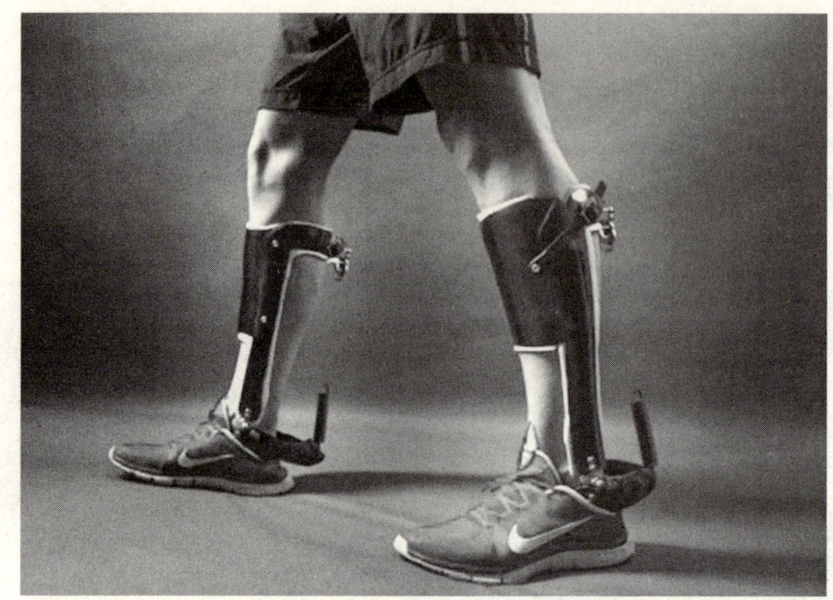

图 6-3 外骨骼助行器

(四)可训练专注力的智能眼镜

对于容易分散注意力的人来说,要集中精力专心做好一件事并不容易。脑神经反馈专家 Domenic Greco 和妻子、儿子三人开发了一个可提高专注力的智能眼镜 Narbis,这个眼镜可以提升人们大脑集中注意力的能力。

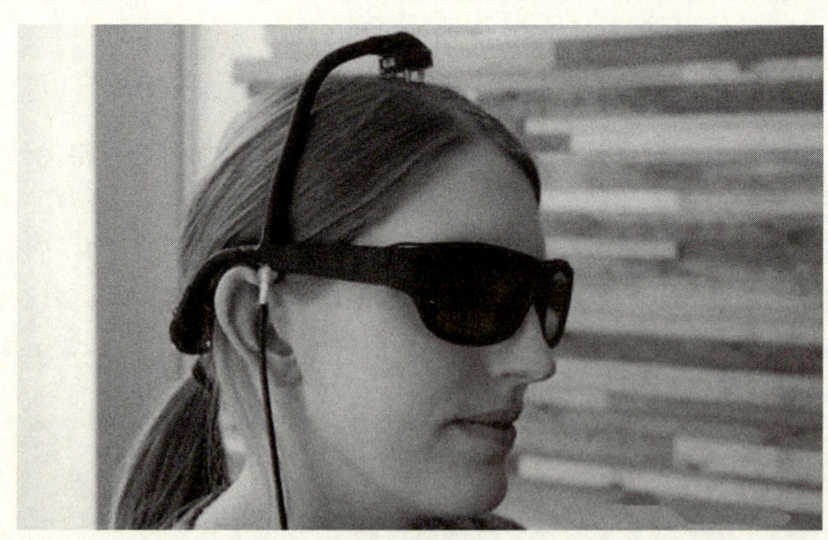

图 6-4 可训练专注力的智能眼镜

（五）复古亲子三轮车

英国一家公司为了方便喜欢带孩子到郊外游玩的父母，专门设计了一款复古式三轮车 Rocket。这架三轮车最大的特点是前方设计了一个宽阔的车斗，孩子可以在里面玩耍或者睡觉。车斗设计在前方有一个好处，就是可以让父母骑着车也能注视着孩子一举一动。车斗内装有柔软且可平铺的坐垫，既能坐也能睡，哪怕行驶在凹凸不平的路面也不会感觉到颠簸。

图 6-5　复古亲子三轮车

（六）Cicret 智能投影手环

法国科技公司 Cicret 在 youtube 上发布了一段关于智能手环的视频，瞬间就吸引了 600 多万人观看，为何这段视频这么火呢？原来是因为视频中介绍了一款名为 Cicret 的智能手环。这个手环的科技含量跟普通智能手环相比要高很多。Cicret 能够将影像投影在手腕皮肤上，通过定位传感器，让你直接在皮肤上进行触摸操控。

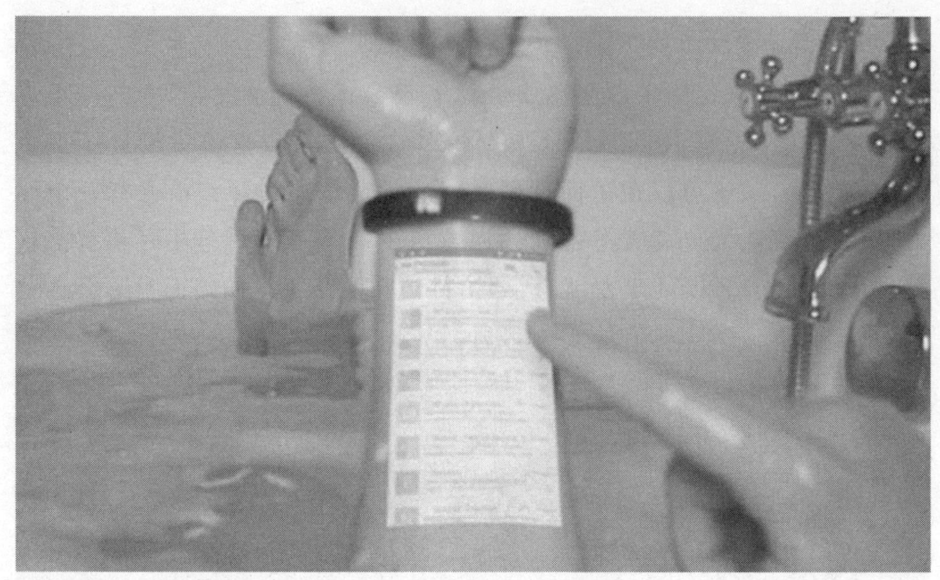

图 6-6 Cicret 智能投影手环

(七)3D 打印建筑

近日,数幢使用 3D 打印技术建造的建筑亮相苏州工业园区。这些建筑的墙体由大型 3D 打印机层层叠加喷绘而成,而打印使用的“油墨”则由建筑垃圾制成。

图 6-7 3D 打印建筑

二、品牌广告创意案例

(一)品牌战略与广告创意

鲍德里亚在解读现代消费行为时，扩展了马克思的商品价值理论，在商品的使用价值、交换价值之外，提出了商品符号价值。商品的符号意义具有两个方面，一是市场营销意义的符号，即商品的品牌；二是社会学意义上的符号，即商品的社会象征性。广告创意的主要意义就是让商品超越实用价值的简单含义，赋予日趋同质化的产品更多的意义，使之与人类的精神发生更显著的联系。从某种意义上说，广告创意是一种将产品升华为文化符号的努力，正是这一升华的过程使商品的价值产生了飞跃。因此，广告策划与传播实施的过程，实际上也是商品的另一种生产加工过程。

大卫·奥格威则认为：每一个广告都是对品牌的长远投资，因此，广告必须保持一贯的风格与形象。品牌形象是一种长期的战略，而对品牌形象的长期投资，可使形象不断地成长丰满，这反映出品牌资产累积的思想。综观成功的国际品牌，如百威、耐克、可口可乐，它们的广告都严格服从品牌战略，每一则广告都在讲述同样的故事，表达的内容均符合品牌战略的内涵，并将创意设计用到了极致。他们重视每一则广告创意，更重视品牌战略。

(二)经典广告案例

1. 宝莹(Persil)衣物洗涤剂的创意广告

描述：由 TBWZ 为德国衣物洗涤剂品牌设计的创意广告。宝莹是德国衣物洗涤剂品牌，能深入纤维清洁，完美护理衣物。这则创意广告的海报主题是：“不要让一些小污点让人误会。”

图 6-8　宝莹(Persil)衣物洗涤剂广告

2. 某品牌数码相机广告

描述:这个相机卖点是广角焦距能力超强,360 度广角。“人在后面都可以照得到哦!”

图 6-9　某品牌数码相机广告

3. 莫斯科 Schusev 国家博物馆广告创意

描述：莫斯科 Schusev 国家博物馆广告创意“Discover the full story”，极具创意与想象力。设计师不仅展现了博物馆耸立于地表的部分，还通过自己的想象，描绘出令人震撼的地底世界，让你明白真相往往不止存在于事物的表面。

图 6-10　莫斯科 Schusev 国家博物馆广告

4. Braun 电动剃须刀广告

描述:"之前,之后!"剃须刀使用前后,形成猿人与文明人的鲜明对照,令人忍俊不禁。

图 6-11 **Braun 电动剃须刀广告**

5. Fedex 联邦快递广告

描述:很有视觉冲击性的广告画面,体现了高速、快捷与全覆盖。

图 6-12 **Fedex 联邦快递广告**

6. 奔驰汽车广告

描述:梅赛德斯-奔驰也能带来驾驶乐趣(注:因为拉了一车宝马)。

图 6-13　奔驰汽车广告

7. 地铁创意广告牌

描述:这是一家药店品牌 Apotek 投放在地铁里的创意广告,所传达的主题是:让你的秀发更有活力。它是一个广告牌互动装置,当地铁里的列车行驶过来停靠的时候,装置里面就会自动监测列车的超声波,激活广告牌播放广告。这样省时省力的能源利用是这个互动装置的一大特点,就好像因为列车的到来而让广告牌中的女主角的头发也吹起来了。

图 6-14　Apotek 地铁广告

8. 某品牌漱口水广告

描述：口臭啊！晕～～～某人演讲，听众晕倒一大片！令人捧腹大笑！

图 6-15　某品牌漱口水广告

9. 联想（Lenovo）笔记本电脑广告

描述：笔记本电脑太薄了，一不小心，从街上人行道的缝隙掉下了水沟。

图 6-16　联想笔记本电脑广告

10. 博世(Bosch)电动工具广告

描述:博世新推出的一款可充电式锂电工具,更加小巧,在瓶子里组装都能轻松搞定!

图 6-17　博世电动工具广告

11. Bolivar 保险公司广告

描述:可怜的小矮人们被洗劫一空,劫匪们太可恶啦,居然连衣服都给扒走了。一会儿白雪公主回来看到可要伤心咯,快点穿上衣服,再想想有没有办 Bolivar 家居保险,让你的损失降到最低。

图 6-18　Bolivar 家居保险广告

12. 请勿酒驾公益广告

描述：这是一幅来自泰国请勿酒驾基金会的广告设计。严禁酒驾一直都是一个老生常谈而又不得不提的严肃事情。珍爱生命，远离酒驾，是我们每个人的责任。在公益广告方面，也经常可以看到关于杜绝酒驾的创意广告。好的广告，可以吸引人的眼球，达到警示的效果。广告创意的设计，是生活中很重要的一部分，也是带给我们改变和创新很重要的一个环节。

图 6-19 请勿酒驾公益广告

13. Energizer 电池广告

描述：电池的包装发黄变旧了，说明两个电池电力持久，用到包装都发黄了，电还没用完。

图 6-20　Energizer 电池广告

14.凌仕香水的广告创意

描述：当他遇到她，电光火石，周围一切都不再重要——他们的魅力当然来自 AXE 的男香和女香。来自凌仕的广告创意：释放混乱(Unleashthechaos)。

图 6-21　凌仕香水广告(一)

图 6-22　凌仕香水广告(二)

15. 依云(Evian)饮用水创意广告

描述:依云是一款来自于阿尔卑斯山的高端水品牌。极具诱惑的美女与数十个水瓶一起冲击你的视觉。

图 6-23　依云饮用水广告

三、创意市集案例

(一)创意市集的概念

创意市集指在特定场地展示、售卖个人原创手工作品和收藏品的文化艺术活动。它的主要特点是,参与门槛相对较低,更接近是一个平民艺术舞台;作品的形式更加多样,受众面更广。在欧洲许多城市,创意市集已成为城市魅力的一部分,是最为草根、新锐的街头时尚的发源地,也是众多才华横溢的原创艺术家与设计师的事业起点。许多最具天分的人在市集中被发掘出来,建立起自己的时尚品牌。

创意市集是在创意产业发展过程中出现的新兴交流模式,旨在为各类的新兴设计师和艺术家提供开放、多元的创作环境和交易平台,推崇个人创造和精神创新,鼓励创意立业,尤其强调以文化、艺术、设计等为产品或服务提供实用价值之外的文化附加值,是一个产生创意并使创意作品商品化的实验舞台。

(二)国外创意市集

Moss Street Market——加拿大维多利亚的 Moss Street Market 是个位于街角的小型市集,它经营着当地艺术品,并安排地区音乐家和艺术家表演,或者组织本地的娱乐游行活动。住在 Moss Street 的居民自己经营管理着市集,也是主力消费群体。Moss Street Market 是当地居民们的主要社交活动场所,每年从 5 月开市到 12 月假日的卖会,这里都是人头攒动。

Rose St. Artists' Market——是向大众展示现代艺术作品的集市。墨尔本 *The Age* 杂志将 Rose St. Artists' Market 评为"墨尔本市 100 个不为人知的宝地"之一。这个市集主要的目的是帮助那些并不富裕的艺术家们销售和展示作品。

东京 Design. festa——每年一度的日本东京 Design. festa 已成为日本最具国际影响力的民间设计师聚会。

(三)国内创意市集

iMART 创意市集——由《城市画报》于 2006 年 7 月主办,是国内首个针对年轻人的大型创意交流平台。iMART 含义为:I am art(人人都是艺术家)。创意市集是一个产生创意并使创意作品商品化的试验平台,主张"给创意一个出口,有创意就有回报"。它由参与者摆设摊位并售卖创意作品的形式开展活动。参与者有本地创作大师,也有业余创作爱好者。创意作品要求原创,品种类别不设限制。2006—2008 年,iMART 分别在北京、上海、广州、苏州、厦门、杭州、重庆、西安、武汉、深圳等城市组织了 40 多场创意市集,是国内最早,也是最有影响力的创意市集活动。

小阳台跳蚤市集——小阳台生活馆是一家有梦想的蓝色街角小店,轻法式乡村风格的情调,是适合姐妹们小聚喝下午茶的地方,坐落在广州天河体育西横街。店里有各种花草茶和店主从斯里兰卡带回来的好红茶,还有自己做的健康手工蛋糕。店内还代售两个本土原创文艺复古品牌的衣裳,并且出售最适合年轻人喝的厦门原创品牌茶叶。每月一次的跳蚤市集成为广州年轻人聚会的场所。目前已经举办了以"圣诞""新年""彩虹""复古""白日梦""鲜果之夏"等为主题的多场跳蚤市集。

“有眼事体”创意市集——由一家设计工作室 MUTOMSTUDIO 于 2013 年 8 月创办，在国内颇具盛名。“有眼事体”四个字是由长三角地区各城市方言音译而来，意思为：有些事儿。“有眼事体”创意市集每月举办一次，每次市集都会相伴一个鲜明的创意主题，以不辜负市集创意的本质。2013 年 8 月至 2014 年 1 月共举办了六期市集：FOR FREE、中秋登月、重阳养老、移动的马戏团、科学怪人的神秘现象、误入天庭。

酷卖街创意动漫市集——酷卖，COOL MIND，最酷的主意在此上市。自 2008 年 7 月成立开始，每月一场市集活动，主场在浙江杭州。2009—2014 年，足迹遍及上海、广州、厦门、福州、南京、绍兴、桐庐等。

疯果创意市集——疯果创意市集在全国范围内都有很大的影响力，自 2006 年成立以来已在全国范围内组织多场创意市集活动。更重要的是，疯果是国内最早将创意市集产业化的成功案例，它首创了“租个盒子卖创意”的服务模式，将创意市集开进了商场。旗下疯果实体店已覆盖全国各主要城市。因其漂亮的销售业绩，吸引了全国各地的大量原创设计师进驻疯果商店，寄卖自己的作品。在店铺和活动的带动下，疯果网也已成为国内最大规模的原创设计师网络社区，注册设计师规模近十万。

25 摩西创意市集——25 摩西是内地大学生团体搭建的创意市集网络平台，其线上平台展示及网罗各种创意物品，在大学校园深受年轻群体的欢迎。

DESIGNMAP 创意生产力——以在线创意市集的形式，让众多极具创意的年轻人走到一起，创造属于每个人自己的多维展示空间。为大家提供线上线下的交流空间和成功机遇，与大家一起将创意化为生产力，在创造的同时有所收获。

南京萝卜市集 LOBOMART——萝卜市集是由南京设计者连同一些爱好者共同创建的。根植于南京，专注原创手工，引导手工成为一种生活方式。设计展览，活动策划，手工培训，原创售卖，希望把一些老一辈的手工技艺传承下去。

台湾艺术市集协会（Art and Lifestyle Association of TAIWAN）——台湾地区创意文化介绍及市集信息集中地。

CN-IMART 中国创意市集——主要是收录国内设计师与创意摊主的平台，整合摊主与市集及音乐节之间的关系。

太原理工大学大学生创意市集——太原理工大学大学生创意市集已经开市 3 年了，大学生不仅“秀”出了自己的创意——蛋雕、瓷片首饰、用废弃饮料瓶盖制作出的船形空气加湿器等，更“秀”出了大学生的精神世界。

(四)创意市集闲逛偶得

1. 超级可爱的针织帽子设计

很多人对针织和钩编的印象可能还停留在“奶奶的爱好”上，然而现在有越来越多的年轻妈妈借此来发挥自己的创意。

图 6-24　超级可爱的针织帽

2. 爱之丘比特日记本折纸

看似普通的一本古朴的日记，在设计师手中，巧妙地折叠，化为爱的代言，超具立体感的 LOVE 像展翅的蝴蝶，彰显独特的爱与情谊。

图 6-25 日记本折纸

3. DIY 微景观生态缸

绿苔做草坪，蕨类植物当小树，碎石铺出小路，彩砂淌出小河，搭配小木屋、栅栏、蘑菇、小动物等造型的小玩具，景观和故事被放进造型各异的玻璃器皿里，这种被称为"微景观生态缸"的办公室绿植摆件正在白领群体中流行起来。看着缸中"苔痕上阶绿，草色入帘青"，你是否有想过要亲手打造一个能聆听叶子唱歌的微观世界？

图 6-26　微景观生态缸

4. 创意表白

年轻的小伙，你还为“爱你在心口难开”而烦恼吗？漂亮的姑娘可是在盼望着“云中谁寄锦书来”呢！

图 6-27　好有创意的表白方式

5. 超牛砖雕作品

据说，这些砖头真的是敲好了然后一块一块往上砌的。

图 6-28 美国艺术家 Brad Spence 的砖雕作品

6. 叶脉上的风景

来自中国的艺术团队用树叶为我们呈现不一样的美丽风景。他们先把收集来的梧桐叶清洗,水煮,然后小心地用工具雕出图案,最牛的是竟然没有破坏叶脉!

图 6-29 叶雕作品

第二节 文化旅游创意案例

《印象・刘三姐》是全球第一部新概念实景演出，是锦绣漓江——刘三姐歌圩景区之核心工程，由桂林广维文华文化产业有限公司投资建设。《印象・刘三姐》是一次美轮美奂的艺术呈现，以桂林山水美丽的阳朔风光实景作为舞台和观众席，以经典传说人物刘三姐为素材，张艺谋任总导演，国家一级编剧梅帅元任总策划、制作人，并有两位年轻导演——王潮歌、樊跃的加盟，历时3年半，数易其稿，制作而成。集漓江山水风情、广西少数民族文化及中国精英艺术家团队创作之大成，是全世界第一部全新概念的“山水实景演出”，集艺术性、民族性、视觉性、震撼性于一身，是一次极富创造力的演出革命，一次视觉的盛宴，是桂林山水的自然美与艺术美的完美结合与升华。

图 6-30　《印象·刘三姐》席位示意图

传统演出是在剧院有限的空间里进行，而《印象·刘三姐》在方圆两公里的漓江水域上，以十二座山峰为背景，广袤无际的天穹，构成了迄今为止世界上最大的山水剧场。这场演出以自然造化为实景舞台，放眼望去，漓江的水、桂林的山，化为舞台的中心，给人宽广的视野和超凡的感受，让人完全沉迷在这美丽的阳朔风光里。

《印象·刘三姐》观众席由绿色梯田造型构成，180 度全景视觉，可观赏江上两公里范围的景物及演出。观众席设有 2200 个座位，其中普通席 2000 个，贵宾席 180 个，总统席 20 个。整个演出时间约 60 分钟，但你一定会觉得 60 分钟真是太短了，这或许是此演出的高明之处吧，让你觉得意犹未尽，才会有更多的回味。观看过演出的游客都不由得发自内心地感叹："这是一场令人耳目一新的视觉盛宴，感动于歌词的质朴，感受到凄美动人的故事，绝对堪称无与伦比的精彩。"

这种以桂林漓江真山实水为舞台的演出是人们以前从未见过的，加上刘三姐形象在国内及东南亚地区的广泛影响，中国著名导演张艺谋担任总导演的名人效应，成为桂林旅游的最大亮点。

世界旅游组织官员看完演出后做出评价："这是全世界都看不到的

美妙演出，人们从地球上任何地方买张飞机票飞来看都是值得的。”《印象·刘三姐》演出成为世界旅游组织目的地会议的“最佳休闲度假推荐项目”。

2004年11月，以桂林山水实景演出《印象刘三姐》为核心项目的“中国漓江山水剧场”(原“刘三姐歌圩”)荣获国家首批文化产业示范基地。

2005年7月，《印象·刘三姐》荣获“中国十大演出盛世奖”。

2010年12月13日晚，原国家主席江泽民与夫人莅临漓江山水剧场，观看大型山水演出《印象·刘三姐》。演出结束后，江泽民对演员精彩的表演表示了赞赏，并接见了公司领导和演员代表，最后演员列队用山歌欢送前来观看演出的领导们。

2011年4月30日晚，全国人大常委会委员长吴邦国观看大型山水演出《印象·刘三姐》。演出结束后，吴邦国分别接见了公司领导和演员代表，并为《印象·刘三姐》题名留念。

那么，《印象·刘三姐》凭借什么独特的品质，能够在竞争激烈的演出行业中立足，并保持长盛不衰呢？这当然要归功于《印象·刘三姐》制作组的创意。

一、旅游资源和文化资源的完美嫁接

“桂林山水甲天下”，多少年来，人们一直这样传颂着。大自然的鬼斧神工，造就了桂林奇特秀丽的山水风光。而桂林山水的代表，就是漓江风景区，这里是世界上规模最大、风景最美的岩溶山水游览区，多年来游客络绎不绝，是中国最为热门的景点之一。刘三姐，是广西壮族民间传说中的歌仙，虽然传说不一，但千百年来壮族人民对她的尊崇与热爱之情却是一致的。“三月三”是壮族地区最大的歌圩日，又称“歌仙节”，相传是为了纪念刘三姐而形成的民间纪念性节日。“刘三姐”系列山歌是广西音乐文化的灵魂，“刘三姐”已经成为当地独特的旅游文化资源品牌。

1961年，电影《刘三姐》风靡了全国及东南亚地区，其优美的歌声和感人的故事，至今令人魂牵梦绕，挥之不去。《印象·刘三姐》大写意地将刘三姐的经典山歌、民族风情、漓江渔火等元素创新组合，不着痕迹地融入山水，还原于自然，成功诠释了人与自然的和谐关系，创造出天人合一的境界，被称为“与上帝合作之杰作”，演出把广西两大举世闻名的旅游、文化资源——“桂林山水”和“刘三姐的传说”进行巧妙嫁接和有机融合，让自然风光和人文景观交相辉映。我们在看演出的同时，也在看漓江人的生活；演出不仅为刘三姐的歌声找到更多的欣赏者，也为桂林的旅游平添了一处人文景观。

《印象·刘三姐》这一品牌的开发独辟蹊径，极强的现场效果和真情实景紧密结合，完全不同于传统的旅游项目，也与人们常见的文艺演出大相径庭，将观看演出和观赏风景巧妙地结合在一起，创新的演出形式带动了更多游客到桂林旅游，旅游业的兴旺与繁荣又进一步彰显了刘三姐文化的魅力。

二、艺术表现和环境保护相结合

刘三姐歌圩坐落在漓江与田家河交汇处，与闻名遐迩的书童山隔水相望。开发者与政府部门一开始就达成默契，既强调艺术表现，也高度重视环境保护，使整个工程与大自然融为一体。现在，歌圩几乎全被绿色覆盖，绿化率达到90%以上。其中，灯光、音响系统均采用隐蔽式设计，与环境融为一体，水上舞台全部采用竹排搭建，不演出时可以立刻拆除。观众席依地而建，梯田造型，与环境协调，同时还考虑到了观众的安全，就连厕所也是引进韩国技术，是目前国内最先进的生态环保厕所。据建设单位介绍，整个工程不用一颗铁钉，令人叹为观止。《印象·刘三姐》整个设计遵循可持续发展的原则，堪称艺术表现与环境保护的完美结合。

三、实力强大的创作团队

选择国内知名的先锋导演及创作团队，进行创新性的创意策划，具有国际化的视野，走在全国同类项目的前列，吸引了国内外的大批游客。

四、经营模式的创新

把著名艺术家的创作构思与现代企业管理模式结合起来，也是《印象·刘三姐》成功的重要原因。演艺公司与旅游公司相互结合，推动了当地文化旅游产业的发展，实现了经济效益和社会效益的双赢。

第三节　电影、动漫及创意经济案例

一、创意影视作品:《哈利·波特》与《喜羊羊与灰太狼》

《哈利·波特》的作者J.K.罗琳通过一部小说使世人对其刮目相看，最终拥有亿万身家，这在10年前，是不可思议的。《哈利·波特》的流行远不限于图书和电影，“哈迷”们爱屋及乌，只要是与《哈利·波特》有关的产品，都能成为追捧的对象。在这样的热度下，《哈利·波特》的商业价值得到了更进一步的挖掘，与之有关的各种创意衍生产品迅速席卷世界。《哈利·波特》的玩具、时装、首饰、游乐城等，在全球形成一个庞大的文化产业王国，初步估计《哈利·波特》带动相关产业的经济规模将超过2000亿美元。

创意带来的不仅仅是一部电影、一部图书等单一产品的收益。围绕一种创意文化现象，整合文化资源，开发衍生产品，就能在创作、制作、播映、出版、旅游、娱乐等方面创造出一系列商机。据统计，《喜羊羊与灰太狼》的电影票房收入超过亿元，漫画书发行量突破200万册，销售额超过2000万元，相应的DVD、网络授权、玩具产品、食品饮料等也陆续跟进，出现了各种各样的衍生品。

二、日本“动漫王国”的神话

在日本，动漫产业早已超越了杂志和电视的范畴，渗透到日本社会的各个角落，这从电影院、电视台播放的各类动漫节目以及各种动漫的人物形象充斥街头的现象中不难发现。日本作为世界上最大的动漫制作和输出国，素有“动漫王国”之称。当下，在全球播放的动漫作品中，出自日本的有六成以上。

早在2003年，日本的动漫产业就已经以年营业额230万亿日元成为日本第二大支柱产业。根据日本贸易振兴会公布的数据，销往美国的日本动漫片以及相关产品的总收入为43.59亿美元，是日本出口到美国的钢铁总收入的四倍。广义的动漫产业实际上已占日本GDP 10多个百分点，已经成为超过汽车工业的赚钱产业。日本的动漫市场销售额在2003年4月至2004年3月期间达到3739亿日元，比2002年度的2135亿日元增长了1604亿日元，增幅高达75.1%。以动画片形象制成的相关衍生产品的授权收入则更占据了2万亿日元的市场份额。

日本目前拥有500多家动漫制作公司，培养了一批国际顶尖级的漫画大师、动漫导演以及大量兢兢业业工作在第一线的动画绘制者。传播手段的不断完善，电视和网络传媒的普及和发展，为日本动漫市场的发展和壮大奠定了良好的基础。

制片人制作卡通动画片——代理商销售——影视系统播放——企业购买卡通动画产品形象并开发衍生产品——商家销售产品，这是目前日本动漫市场的现状。按照国际惯例，卡通市场通常被分为三个层次：一是动画本身的播出市场；二是卡通图书和音像制品市场；三是包括服装、玩具、饮料、生活用品等在内的卡通形象的衍生产品。在这三个层次中，最后一个层次比前两个层次的周期更长，市场反响更为深远。动画片本身应该是整个产业链和周边产品的广告，而不仅仅只是一个“孤独”的商品。日本在欧美的动画市场依照衍生产品的盈利模式，甚至可以将动画片免费提供给电视台播出。日本的动画风格形象随着一批日本动画片在国际市场的成功，逐渐成为国际时尚。在世界范围内掀起的日本卡通热使得日本卡通产业的出口额急剧扩大，好莱坞的电影公司争相购买日本动画片的电影改编版权。

三、武汉的动漫及创意产业发展

武汉从2005年开始迎来了动漫产业的春天。《天上掉下个猪八戒》使江通动画股份有限公司一炮打响，该公司也顺利成为国家级动画产业基地之一。同年，武汉还成功举办了湖北省扶持动漫产业基地产业专项工作会议和动漫影视高端论坛。经过近10年的培养孵化，在武汉东湖高新区光谷动漫产业园内，聚集了一批动漫原创制作人才和企业。

武汉，借助高校优势，如武汉大学、华中师范大学等15所院校，开设了动漫专业，华中师范大学、中国地质大学江城学院等院校开设了动画高职专业，年招生逾千人，正逐渐成为中国重要的动漫人才培养基地之一。

“珞珈创意园”遵循文化创意这一主题，包含了数字乐园、霓裳之都、传媒绿洲三大区域，搭建了“文化创意经济理论及政策研究平台”“创意人才交流及培训平台”“大型活动策划及信息发布平台”和“企业融资及财务服务平台”。

而武汉“光谷文化传媒创意产业园”，突破“动漫基地”的范畴，成为一个融合数字动漫、影视动漫、影音娱乐、主题乐园、展览展示以及出版教育等方面的发展平台。为此，园区计划引进100家以上相关企业入驻其中。

四、深圳的动漫产业发展势头良好

全国最早的动画制作基地之一深圳，为国内外加工制作了大量的动画片。深圳目前从事动画创造和生产的企业有1000多家，其中最大的企业拥有500多名员工，大约每年为深圳创造2亿元产值。

一是政府高度重视动漫产业发展；二是深圳集聚了大量的人才，有国际化企业运营经验；三是深圳动漫产业拥有一流的设备和技术平台支撑；四是有较为完善的教育培训体系，这是深圳发展动漫产业的四个优势。

深圳市委、市政府已将动漫产业作为文化产业发展的重点，促进深圳成为全国的动漫产业基地，并将文化产业确立为第四大支柱产业。重视原创和衍生开发能力，增强动漫产品的深度开发能力和增值能力，是深圳动漫产业的主要关注点，着力将深圳打造成为全球动漫游戏产业重要的生产制作基地之一。

五、乔布斯与苹果

按资本分类来说，以工业革命为基础的技术资本就是所谓的左脑科技，而代表了人类情感、智慧的就是右脑科技，也就是正逐渐风行于今天的创意资本。就乔布斯和苹果来说，除去成功企业家的必备素质，我们或许可以从苹果的LOGO窥见些许成功的踪影：一个被咬了一口的苹果，蕴涵着创意元素。

史蒂夫·乔布斯毫无疑问已经成为近10年世界商业史上最耀眼的商业明星之一，其实他早在30多年前就已经闻名全球，但是最近10年才是真正属于乔布斯，属于苹果的时代。

苹果在10年的时间中，从一个市值不足200亿美元的公司直接冲上了2000亿美元大关。2010年5月底，iPad上市仅28天，销量便突破100万台，市值一度达到2200亿美元。苹果再创奇迹，超过微软成为仅次于埃克森美孚的美国第二大上市公司，终结了微软在IT行业的20多年霸主地位。

1976年，第一款个人PC在苹果公司成立后推出，直到今天全球热销的IPAD，技术和美学的完美融合在乔布斯的设计理念里处处流露。20世纪乔布斯曾凭借以酷为核心的非主流创意设计理念登上了《时代》杂志的封面，但正如我们所了解的，在个人PC刚刚发端，技术为核心市场竞争力时，乔布斯和苹果大多数时候很惨，它只是表面好看而已。但是乔布斯关注个人情感需求的非主流理念，被应用到市场已经相对成熟的电影领域，却大获成功。《玩具总动员》的成功使乔布斯获得了回归苹果的机会。但是，即便到2002年，苹果的个人电脑仍然令人担忧，人们怀疑苹果电脑到底能不能独立生存。

变幻的时代使这个世界的变化快得远远超出了人们的预料。在人类进入21世纪后，工业科技逐渐遭遇瓶颈，追求个性、关照内心召唤的70后、80后愈渐成为社会的主流群体，乔布斯的酷理念终于迎来了属于它的时代。从iPod到iPhone再到iPad的面世，乔布斯的创意理念得到了充分的展现。乔布斯为了这一天，准备了整整30年。当然，苹果之胜，同时胜在全球创意时代下人们对创意产品、创意生活的需求。

第四节　创意产业园区运作案例

一、上海创意产业园区

(一)M50半岛文化创意产业园(文化及艺术品产业类)

该园区位于上海宝山区淞兴西路258号，总面积13.4万平方米。园区以艺术设计为特色,由国棉八厂改建而成,占地面积大,建筑风格独特。园区建立了M50半岛1919创意设计工作站,引入杨明洁、潘微、日本文化村等设计师、艺术家和多家设计机构。园区聚焦艺术设计、艺术培训等特色文化产业,致力于打造国内重要艺术设计创意园区。

图6-31　上海M50半岛文化创意产业园

(二)红坊创意园区

红坊创意园区位于凯旋路、华山路之间,坐拥徐家汇和淮海路两大商圈,毗邻新华路历史风貌保护区,高调诠释"国际文化时尚社区"。曾经是上海钢铁十厂工业时代的厂房焕然一新,15000平方米的中央绿地广场被红砖厂房围绕,其中B区超过2000平方米的活动会场曾上演OMEGA110周年庆典。如今的租户多为建筑设计、文化艺术、传媒、时尚设计、广告设计行业,世界著名的眼镜公司夏蒙眼镜、追求个性时尚的NOVO、意大利品牌Fornarian争相入驻。

图 6-32　上海红坊创意园区

(三)8 号桥创意园区

该园区位于黄浦区建国路 8—10 号,园区总面积 2 万平方米,2014 年度园区内文化企业上缴税收约 5000 万元。园区以广告设计、动漫影视制作为特色,目前园区已入驻唯晶动漫、吴思远电影后期制作室等特色文化企业。下一阶段,园区将进一步完善各个公共服务平台功能,积极扶持文化创意企业的发展。

(四)创意仓库

苏州河北岸,坐落着一幢 20 世纪 20 年代修建的四行仓库。旧上海四大银行曾经以此为库;八百抗日将士曾经在此前仆后继,浴血奋战。它沧桑的外表下有着太多的历史积淀、人文底蕴。而今,推开那厚重的大铁门时,展现在眼前的却是一个截然不同的现代艺术空间:灰色的水泥圆柱整齐矗立,黑色的旧时铁门威严地划分着空间,悬空的灯光楼梯似乎通向未来世界,还有纵横的钢索,错落的空间,锈迹斑斑的索引牌,层次丰富的灯光。这座有 80 多年历史的仓库,迎来了它的新生——创意仓库。

图 6-33　上海 8 号桥创意园区

图 6-34　上海创意仓库创意园区

(五)1933 老场坊

1933 老场坊是老上海 20 世纪 30 年代的建筑，欧式经典建筑中蕴含了浓厚的艺术氛围。如今丰富多彩的时尚活动为这幢历史悠久的建筑注入了全新的活力。一系列热力四射的定期活动在这里拉开序幕，从派对到演出，从创意市集到话剧沙龙，全新的打造让人耳目一新，更成了沪上时尚达人汇聚的地标之一。

历史与时代的碰撞，时尚与建筑的结合，艺术与设计杰作的辉映，1933 处处彰显独特的魅力。1933 非凡的空间、绝妙的体验和汇聚多种创意元素，必将引领上海时尚创意新潮流。

图 6-35 上海 1933 老场坊

（六）2577 创意大院

2577 创意大院引入国内外知名创意工作室、艺术机构、知名创意品牌代理、艺术家经纪人机构、知名品牌画廊、拍卖行、艺术博物馆、艺术银行、文化机构和交流中心、广告创意制作机构、艺术传播媒体、艺术书店、人才培训机构、艺术院校试验基地及相应配套服务机构、会所等，同时积极引入长期展览展示和发布活动。

图 6-36　上海 2577 创意大院

(七)田子坊

田子坊位于泰康路 210 弄,原是 20 世纪 50 年代典型的弄堂工厂,由上海食品工业机械厂、上海钟塑配件厂等五家工厂组成。90 年代由于产业结构的调整,这些工厂效益逐年下滑,有些厂房闲置多年。2000 年 5 月,在市经委和卢湾区政府的支持下,田子坊进行了改造。开发旧厂房 2 万余平方米,吸引来自 18 个国家和地区的 70 余家企业,并形成了以室内设计、视觉艺术、工艺美术为主的产业特色。田子坊内除了创意店铺和画廊、摄影展,最多的就是各种各样的咖啡馆。香港的著名陶艺家郑祎在泰康路 220 弄二楼开设"乐天陶艺馆",进行国际陶艺界的交流。

(八)SVA 越界

越界,漕河泾 10 万平方米特大型创意产业园,原址为金星电视机厂。由国际知名建筑机构阿特金斯规划,率先引入 OFFICE PARK 概念,融合"办公/创意/休闲配套"三大功能,是目前上海最大创意产业园之一。

图 6-37　上海田子坊

图 6-38　SVA 越界创意园

(九)1919 创意码头

1919 创意码头是昔日的国棉八厂。该厂筹建于 1919 年,至今保留了原厂不同历史时期建造的各式建筑。整个园区占地 13.5 万平方米,合计建设面积 14.1 万平方米。1919 创意码头集合历史与现在,商业与艺术为一体,以码头和滨江景观带作为依托,打造成为北上海创意文化中心。在保留了历史建筑独特风格的同时,引入现代的时尚元素,使其焕发出新的活力。

图 6-39　上海 1919 创意码头

(十)名仕街

上海名仕街时尚创意园位于上海市洛川中路 1158 号,总占地 19000 平方米,建筑面积 41000 平方米,其中个性化创意、商务办公用房 30000 平方米,公共服务平台(四个中心、发布厅等)建筑面积 4800 平方米,生活商务配套设施 6200 平方米。

图 6-40　上海名仕街时尚创意园

二、杭州创意产业园区

(一)西湖创意谷

2007 年 4 月 22 日，杭州西湖大道与定安路路口的开元中学旧址被一个新名称“西湖创意谷开元 198”代替。这座汇集了逸飞集团、设计师吴海燕的东方国设计馆、中国美院的色彩研究所、风景建筑设计研究院、渠晨明的雕塑艺术研究院等多家艺术类公司的建筑物，将其触角延伸到包括时装设计、城市建筑色彩研究、家居陈设、模特经纪、环境艺术等在内的领域当中，成为发展艺术品业、建筑景观设计业及时尚消费等特色产业的地方。

图 6-41　杭州西湖创意谷

(二)之江文化创意园

作为之江文化创意园的一个重要组成部分，2008 年 4 月 7 日，凤凰·国际创意园的标志性建筑——双流水泥厂，用其后工业时代的粗糙印记，向世人展现其野性和粗犷之美。在艺术家眼里，之江文化创意园中的双流水泥厂建筑群以其质朴感官和极具层次的建筑分布形态，让这一特殊的工业建筑形态变身为新生的现代创意办公展示空间。

图 6-42　杭州之江文化创意园

(三)西湖数字娱乐产业园

西湖数字娱乐产业园位于文一西路75号，汇聚着中国博客网等52家数字娱乐类企业，构建了数字娱乐产业公共服务平台及研发、孵化中心，目前已经初步形成了一条产业链，内容包括数字娱乐软件开发、动漫产品制作、娱乐网站经营、衍生产品及服务、手机短信等一系列增值服务。

图6-43　杭州西湖数字娱乐产业园

(四)运河天地文化创意园

始创于1958年的杭州化纤厂，地址为杭印路49号，是当时中国大陆首批建造的四家化纤厂之一。现在被改名为LOFT49，成为艺术时尚工作者的基地，有了新的活力。

而LOFT49的华丽转身，也给拱宸桥一带旧厂房一个很好的变身范本。于是A8艺术公社、唐尚433、乐富智汇园等产业基地，也纷纷把工业遗存、历史建筑改造成文化艺术、设计服务的基地。

图 6-44 杭州运河天地文化创意园

(五)西溪创意产业园

西溪湿地的静谧和源于自然的野趣,对于无污染的 IT 产业无疑具有强大吸引力。于是就有了这样一个美丽的组合:1.5 万平方米的桑梓漾西溪文化艺术村落,投资约 8000 万元,将浙江大学紫金港校区、浙大科技园和西溪湿地周围高档商住街等串珠成链,打造成以艺术创作室为主体,集技术创作、艺术交易、文化、休闲、度假为一体的艺术基地。

图 6-45 杭州西溪创意产业园

(六)下沙大学科技园

嫁接了周边高校的智慧大脑,下沙大学科技园有了充足的人才储备,初建不久,就先后落户了新加坡杭州科技园、第五时尚设计产业中心及浙江传媒学院文化创意产业园、中国计量学院 ZILOG(杭州)应用设计中心等高校文化创意园和机构。下沙大学科技园总规划 88 万平方米,联合各高校,发展十大特色产业园,包括工业设计、平面设计、软件设计、影视制作、文艺创作、时尚设计、传媒文化、旅游及城市规划等产业。

图 6-46　杭州下沙大学科技园

三、义乌市创意园

义乌市创意园坐落于湖光山色、风景怡人的义乌工商学院内,面积 6000 平方米,一楼为管理中心用房及报告厅、会议室等功能性区域,二楼主要是设计学子实践基地,三至五楼为设计机构办公区域。

义乌市创意园以义乌的现有产业发展为基础,以小商品的研发设计和企业的品牌策划为主要突破口,以设计改变义乌、以小商品从制造走向创造为宗旨,筑巢引凤,利用"创意经济"的手段,打造创意产业机构和公共服务平台集聚的园区,起着服务地方的作用,成为浙中城市群的小商品创造创新中心和义乌城市创新的助推器。

图 6-47　义乌市创意园

参考文献

[1] 厉无畏.创意改变中国[M].北京:新华出版社,2009.
[2] 陈刚.创意传播管理[M].北京:北京大学出版社,2012.
[3] 陈放.中国创意学[M].北京:中国经济出版社,2010.
[4] 乔治·路易斯.大创意[M].北京:中国人民大学出版社,2008.
[5] 林伟贤.创意点亮生意[M].北京:北京大学出版社,2007.
[6] 严三九,王虎.文化产业创意与策划[M].上海:复旦大学出版社,2008.
[7] 文长辉.媒介消费学[M].北京:中国传媒大学出版社,2007.
[8] 张京成.中国创意产业发展报告[M].北京:中国经济出版社,2008.
[9] 丁俊杰,李怀亮,闫玉刚.创意学概论[M].北京:首都经济贸易出版社,2011.
[10] 伍斌.设计思维与创意[M].北京:北京大学出版社,2007.
[11] 莫君伟.创意力量[M].北京:社会科学文献出版社,2010.